教师职业素养与发展规划

教师的审美人格与审美化教育

王丽娟◎编著

JIAOSHIDESHENMEIRENGE
YUSHENMEIHUAJIAOYU

吉林文史出版社

图书在版编目（CIP）数据

教师的审美人格与审美化教育／王丽娟编著．
——长春：吉林文史出版社，2012．4（2021.6重印）
（教师职业素养与发展规划）
ISBN 978－7－5472－1033－8

Ⅰ．①教… Ⅱ．①王… Ⅲ．①中小学－教师
－审美教育 Ⅳ．①G635.16

中国版本图书馆 CIP 数据核字（2012）第 072575 号

教师职业素养与发展规划

教师的审美人格与审美化教育

JIAOSHIDESHENMEIRENGEYUSHENMEIHUAJIAOYU

编著／王丽娟
责任编辑／高冰若
封面设计／小徐书装
出版发行／吉林文史出版社
地址／长春市福祉大路5788号
邮编／130118
网址／www.jlws.com.cn
印刷／三河市燕春印务有限公司
开本／710mm×1000mm　1/16
印张／14　字数／153 千字
版次／2013 年 1 月第 1 版　2021 年 6 月第 3 次印刷
书号／ISBN 978－7－5472－1033－8
定价／39.80 元

前　言

因为我本人是一名大学教师，也是一个母亲，对于当前中小学与大学教育中的一些问题因为亲历而认识得更加清晰而深刻，其中很重要的一个就是教育审美化价值导向的缺失问题。中小学校和教师只重视学生的成绩分数，忽略了育人的根本职责，功利化的应试教育把美育当作可有可无的东西。这种缺失审美意向的应试教育致使孩子们越来越不像孩子，缺少灵性与想象力，缺少童心、自私、人情冷淡、亲情淡漠。大学中因为存在对于审美化教育的误解，美育课程开得少、散而且乱，且难以形成有效体系。身为高师院校的学生，竟然不知"教育美学"为何物！

在当今国际社会中，公民的审美素养已是显示一个国家、一个民族经济、文化甚至政治影响力的标志，更是在当今以及未来残酷的国际竞争中综合实力的基础。在法国，处处会看到拿破仑的铜像，其实不单是因为他的武功，不单是因为他能攻下一个一个城池，而是因为他在战争结束后十分重视法治、德育、美育相结合。首先，拿破仑重视抓法治。他在位时召开了85次法制讨论会，其中亲自参与主持了38次。在他临死之前，大家赞扬他的武功，他说："我的价值不单是武功，而是因为我创建了这部《拿破仑法典》。"其次，他无论走到哪里，都很尊重各种宗教，支持各种戒律，他一再进行道德教育。第三个是更为重要、更为持久的，就是他十分重视美育，创建修缮各种艺术馆，如罗浮宫、梵尔赛宫……他认为一个社会要长治久安，必须全面提高人们的审美素质。将来的社会需要的是既有健康的心理，又富有同情心、爱心等美好心灵为内涵的人才。因此，一个国家，一个民族，必须要强调美，强调审美，要用美来育人。

鉴于此，我对审美化教育产生了浓厚的兴趣，审美化教育离不开教师审美人格的构建，2008年我申报了《教师人格的文化塑造研究》课题，获准列为吉林省教育科学"十一五"规划重点课题。经过两年的努力，取得了一些成果，先后发表《由生存到存在：新课程改革背景下教师人格转型》、《学校文化管理应处理好几对辩证关系》等十余篇文章，该课题于2010年完成研究任务，并顺利通过专家鉴定。课题完成以后，我又沿着教师审美人格问题进行了深入思考，进而从事教育审美化问题研究。2011年12月，吉林文史出版社为了配合全国兴起的"教育图书馆配"活动，展示教育教学领域的新成果，推进新教育、新理念、新方法，在我院推出出版《教师继续教育用书》活动，这也为我的后续研究提供了一个平台，推动我在先前"教师审美化人格"研究的基础上深入到"审美化教育研究"的问题中来，于是有了《教师审美人格与审美化教育》一书。

本书通过对于"教师审美人格的建构、审美化教育以及二者关系"的探讨力图揭示审美不仅是教师专业发展的终极追求，而且也是教育的终极追求，进而在实践中又提出构建教师审美人格的基本策略以及审美化教学与审美化德育的基本践行机制。本书在体例的构架上，尝试提供一套较为完整的审美教育方面的理论系统，然后，以此为指导，统领审美教育的实践和创新；同时在实践领域揭示了审美价值与审美教育的操作化的关系，即教育理性渗透于教育感性，并指导教育感性实践，在这种关系中，审美价值具体化为审美操作，以审美操作的系统性、现实性使审美价值在审美教育中得以现实化。这只是著者初步的尝试，其中因为不成熟的想法而带来的书籍内容上的一些不当在所难免，还希望各位同人给予批评指正，再此真诚表示感谢。

在这里还要感谢吉林文史出版社提供这样一个平台，也感谢吉林师范大学杨景海校长与刘春雷院长，书籍的出版是大家共同努力的结果，希望多少能够给当前的教育者以一定的启示，这也是大家共同的夙愿。

吉林师范大学教育科学学院　王丽娟

2012年10月

目　录

/ 审美——教师专业发展与教育的终极追求

乔布斯：一个让比尔·盖茨畏惧的人

在当今美国的电脑行业，要说备受尊崇的人物，不见得是富甲天下、称霸全球的比尔·盖茨，或许我们应该这么说，能让无往而不利的比尔·盖茨感到惧怕的人，就是苹果电脑的创始人、电脑动画权威皮克斯公司的所有者史蒂夫·乔布斯。"这家伙太可怕了！"盖茨这样对朋友说。

盖茨和乔布斯代表了IT业的两种商业思想的极限，盖茨是左脑模式——理性经济、偏重技术、贩卖标准，而乔布斯则是右脑模式——感性经济、偏重设计、贩卖梦想。乔布斯的奇思妙想是由自己的直觉激发的，而非逻辑分析的结果。如果赚钱是一门艺术，乔布斯便是一个成功的赚钱艺术家，除了有人夸他"可以把冰箱卖给爱斯基摩人"外，他还把垃圾一样的NEXT卖出了数亿美元的天价。在推出了玲珑剔透的第一代iMac时轰动全美，而第二代iMac更是上了《时代周刊》的封面。除了台式电脑，乔布斯开始染指数字音乐，推出容量巨大的iPod播放机和iTunes在线音乐商店，一举成为全球数字音乐市场的领导者。在经管理念上，乔布斯更强调激情、强烈的责任感和近乎苛刻的审美观的重要性，追求尖端人才以

及整体和团结协作能力。

美国《计算机周刊》评出了IT界最伟大的10位精英人物，结果苹果CEO史蒂夫·乔布斯凭借创新精神勇夺桂冠，比尔·盖茨却屈居第三。美国总统奥巴马说："乔布斯改变了我们看世界的方式"；中国总理温家宝说："中国也要有乔布斯"，两国领导人在乔布斯对科技创新的贡献上取得了共识。中国可能盛产善于严谨推理的思考者，或者学识渊博的技术专家，但是难以产生乔布斯，因为创新并不总是发源于聪明的、受过高等教育的群体。创新主要发源于一群可以产生更富创造力和想象力的人群，而这些人知道怎样才能最好地站在人文和科技的十字路口。在发明创新领域，这意味着将人文关怀和对科技的理解合二为一，连接艺术和技术，嫁接诗歌和处理器芯片，而这才是真正的创新之道。乔布斯的一生就证明了这一点。

——http://news.sohu.com/20061122/n246555057.shtml

在当今社会中，科技是人类社会变革的决定力量。综观人类文明的发展史，科技进步往往在促进社会经济迅速发展的同时，也促使了人类生活方式的现代化、信息化。科技是一把双刃剑，它同时带来的负面影响是它对人的异化，人被非个性化、抽象化、工具化；随着人类改造自然能力的提高，人类的生活方式将会逐步趋向于更健康、更文明、更科学及更和谐。

马克思所描述的共产主义社会的理想图景是最能体现人类生存价值和目的的最高社会形态，在共产主义社会形态中人的生活方式根本上就是审美的，审美教育这一独特的教育形式的特殊性就在于：通过美育培养出作为未来理想社会新基础的自由而全面发展的人。21世纪是审美文化高扬的时代。综观当今世界，发达国家无不高度重视美育，把提高国民审美素养作为提升国家"软实力"的重要举措。我国已在20世纪末将美育重新写入方针，美育的重要性逐渐被人们所认识。

/ 审美的内涵、特征与价值 /

审美的内涵 /

审美是基本的人生体验之一

当今时代，审美已经不再是让我们感到陌生的字眼，它已经广泛地形成与体现于我们的日常生活领域，成为我们最基本的存在方式之一。

首先，审美表现了人与自然的一种和谐关系。在自然中我们常常会获得审美经验。云南奇特的石林，风景秀丽的桂林山水，以致"星汉灿烂"的苍穹、霞光万丈的旭日，都会引起我们的审美情思；就是寻常情况下，有时简单的一抹晚霞、一块奇石、一棵银杏、一朵荷花，也会向我们诉说一种风情，令我们生出审美的感动。山间的小溪，水畔的清风，路边的小花，田畴的嫩苗等等，都能激起我们对天地造化的钟爱。无论是李白的"相看两不厌，只有敬亭山"，还是辛弃疾的"我见青山多妩媚，料青山见我应如是"，以及朱自清"杭州西湖有小妹，展翅高原飞；落脚蒙自南湖水，姊妹竞争辉"等等都体现了一种自然的风情与人的内涵和谐的主客相融之美。美是人类活动中目的和现实的一致，美是与真相统一的，它表现了人与自然的一种和谐关系。美的本质在于人和世界的和谐共存。

其次，审美体现于在与社会、他人的和谐交往关系中。社会生活中，我们也能够经常获得审美经验。血浓于水、骨肉相连的亲情，青梅竹马、心心相印的爱情；情同手足、肝胆相照的友情无不引导着我们的审美感受。为了大众幸福生活而历经磨难，为了高尚的人生目标而饱尝忧苦等社会生活实践行为，都可以让我们产生一种崇高的审美愉悦。人际关系是否和谐决定了人的人格是否完整。无论是耿直憨厚、大智若愚的程咬金；野蛮可爱、率直忠诚的李逵；还是左右逢源、装疯卖傻的刘姥姥；济世逍遥、惩恶扬善的济公活佛都会使我们对于人生获得一种审美的思考。还有演奏如泣如诉的《二泉映月》的盲人阿炳，将兵"多多益善"，终未逃脱"兔死狗烹"的悲怆结局的淮阴侯韩信，悲愤沉江的屈子、刺秦之悲壮的荆轲、化蝶的梁祝……无不令人荡气回肠，都能够给我们留下多层面的心灵震撼与审美思考。人生之所以有意义，在于它被赋予了一种审美价值。鲁迅先生认为："悲剧是将人生的有价值的东西毁灭给人看，喜剧将那无价值的撕破给人看。"人只要生存在这个世界上，就不能不与他人、社会发生各种交往关系，就要思索人生的意义与价值。审美的社会交往关系始终是从人的本质出发、从个体自我出发的交往，它不断增强着个体的自我同一性。审美交往所涵养的人的天性和童心，它是人抗御异化的力量。它体现了一种人与人两个主体间的交往与对话关系。正是在这种"主体间性"人际交往中，人才产生审美体验。美是人类活动中现实生存与精神超越的一致，美是与善相统一的，它表现了人与他人、与社会的一种和谐关系。美的本质在于人和他人、社会的和谐共存。

最后，审美体现于自我精神知、情、意的和谐关系中。审美是遍爱大众、博施天下之仁爱与正确观察外物、不为外物所蒙蔽灵动的智慧和执着进取、脚踏实地、"衣带渐宽终不悔"的意志的合体，是人类朴素的本质与文化的累积"文质彬彬"式的有机统一。审美普遍必然地体现在艺术的创造和欣赏中。一方面，艺术创造起源于人生实践感性的审美经验；另一方面，审美创造与艺术欣赏又是人所独有的一种高级审美活动，是人类所特有的一种社会性的、历史性的行为。正因为如此，整个审美过程才会由浅入深、由表及里，整个审美的主体才有可能逐步深入地来欣赏、领受审美对象的美学价值、思想价值和认识价值。审美也就因此有了高低不同的境界。审美体现于自我精神知、情、意的和谐关系中，人在知、情、意的有机和谐中体验到了自由创造的快乐。那是情与"性"即"良知"合一的"孔颜之乐"。艺术的创造和欣赏的审美过程包括审美感觉、审美理知、审美心象、心境共鸣四个阶段,这四个阶段的心理活动最终使各种意象相冲撞而达到心灵的净化和精神的升华。因此,美是客观之真与主观之善的统一体,它表现了个人知、情、意的一种和谐关系。美的本质在于人自我精神的和谐共存。

审美现象是审美关系的现象

由"审美"一词可以看出,"审"作为一个动词,表明一定有人在"审",有主体的介入,同时,也一定有可供"审"的对象,"审美"应该是审美主体与审美客体的有机结合。美是属于人的美,审美现象是属人的现象。审美现象是以人与世界的审美关系为基础的,是审美关系中的现象。譬如"花"的形象形式刺激主体生理心理机制,是满足主体潜能或本能需求而建立的。审美关系是由某个客体能否与某个客体建立起文化审美关系所决定的,它完全取决于主体生理心理机制是否健全、取决于客体形象形式能否吸引或激起主体好感。如果主体生理心理机能残缺,比如色盲、耳聋,那么,任何绚丽的花朵、和谐的旋律对他都没有美的魅力;设若客体形象丑陋结构失衡,比如瞎眼、跛腿,那么,它对任何健全的主体也不会产生美的魅力。而每天为了生存而奔波的普通农民、保姆、钟点工、泥瓦匠、服务员等,常常为了温饱而操心,面对美的景物熟视无睹、无心审美,与审美对象也形不成审美关系,只能形成其他的实用功利关系,因而也感觉不到审美对象之美。

审美现象的构成

审美现象的构成是由审美对象、审美主体和审美关系三个要素组成。

审美对象是与主体发生审美关系的自然、艺术、社会、科学等多种多样的对象。审美对象与审美主体及其美感相对应的结构是多层次的。由浅入深依次为形式层、意蕴层与存在层。

审美主体是进入审美关系的人及其美感。审美主体的层次结构与审美对象的层次结构是相互对应的。对应于审美对象形式层，主体产生了感官的快适；对应于审美对象意蕴层，主体方面有渗透着情感因素的理解。对应于审美对象的存在层，主体方面有整体的生命承担。

　　审美主体与审美对象处于相互作用的审美关系中，不同类型实践决定了主客体之间不同类型的审美关系。人在现实世界中与自然的关系、与他人的关系以及与自身的关系决定了应该有相应的三种生产实践来处理这样三类关系：物质生产主要处理人与自然的关系；精神生产主要处理人与自身的关系；话语生产主要处理人与他人的关系。物质生产、精神生产、话语生产在审美以及艺术的生成、存在、表现等方面的地位和作用是不尽相同的。由此审美关系分为三个层次：静观关系、对话关系与存在关系。三种关系不是彼此分离而是相互包容的，前一种关系是后一种关系的基础，后一种关系是前一种关系的发展与提升。

绘画审美的三个层次

　　古代有一个画师以《深山古寺》为题，让三个弟子作画。弟子作毕呈上。第一幅画是一座巍峨典雅的古老寺院，端庄地矗立于重峦叠嶂的山峰之中；第二幅画面上群山莽莽，近处怪石嶙峋，远处云雾飘逸，山峦交错处崭露一残败楼角；第三幅画面上是翠浓绿重的苍松古柏和深不可测的原始森林，下角有一身背水葫芦、手持龙凤杖的驼背老僧，正步履蹒跚地登上一条石阶小路，路的尽头遥伸向老林深处……画师给三个弟子的画都作了一个字评价。你会评哪一幅画为优，哪一幅画为良，哪一幅画为劣？

审美的特征 /

对于审美的实质性认识，我们不妨从以下几个方面加以剖析。

客观性。美存在于世界的客观事物之中。从美学的一般观点看来，美主要存在于自然、社会、艺术和科学等客观事物和客观的活动过程之中。同一审美对象提供给不同的人大致相同的审美感觉，这说明审美确实有一个客观的美在那儿存在，这是说明审美是主观对客观美作出切实的反映。另外环境（审美对象）的改变引发人的审美情绪的变化，这也说明审美是客观的。

形象性。审美关系是通过主体的感觉器官来和现实建立关系，而把握的对象也具有感性的形象性和直觉性。离开这些感性的形象，也就失去了审美的对象，因而再也谈不上什么审美关系。德国古典哲学家黑格尔说过，"美只能在形象中见出"（《美学》第一卷第161页）。据心理学研究表明，只有具体的形象才能引发人对美的感受、联想等等。所以巍峨的泰山，皎洁的明月，奔腾的长江等具有鲜明形象的景观，都直接纳入我们的眼帘，给我们以鲜明的美的形象。同时，在读了民族英雄戚继光，或看了徐虎的动人事迹，都会有戚继光或徐虎光彩动人的形象矗立在我们面前，对我们的心灵产生强烈的震撼。

自由性。审美关系是自由的。一方面，审美使人从外在事物的实用功利关系束缚中超越、解放出来；另一方面，我们欣赏美的对象，不是要满足物质的需要，而是要自由地展示人的本质，取得精神上的自由和满足，审美形式虽然要受到审美对象物质属性的限制，但是审美形式并不在于物质形式本身，而在于通过某种物质形式自由表现或者制造出心灵的形式。

情感性。审美是人对现实的一种情感关系。人与审美对象所发生的关系不可能是理智上的认识、意志上的行为，而只能是感情上的喜爱与否与满足与否。具体形象，通过感觉器官的感受，把我们理智、意志和其他一切都化成感情，因而产生的效果，主要的只能是喜怒哀乐的感情活动。情感性是审美的显著特点其主要体现为精神愉悦性、超越性、蕴涵持久性等三个方面的特点。凡是美的事物都有怡人心目的特征。当广阔的大草原呈现在面前的时候，当优美的旋律在耳边响起的时候，当"惊涛拍岸、卷起千堆雪"的景观映入眼帘的时候，喷薄的泰山日出，绵延的万里长城……都使人的内心受到强烈的触动，产生一种愉悦的感受，使人接受到美的陶冶，这就是美的巨大情感效应。

历史性。审美文化是一个不断运动、变化、发展的历史性概念。审美的历史性指的是审美现象本身以及人们对于审美现象的反思都不是从来如此、永远不变的，是随着人的生存发展的历史演变而不断改变的。例如，服饰作为一种文化形态，贯穿了中国古代各个时期的历史。从服饰的演变可以看出历史的变迁，经济的发展及中国文化审美意识的嬗变。无论是商的庄重明丽、周的井然有序、战国的清新、汉的凝重、六朝的清瘦，还是唐的丰满华丽、宋的理性美、元的粗壮豪放、明的敦厚繁丽、清的纤巧，无不体现出中国古人的审美设计倾向和思想内涵。但某一时期的审美设计倾向、审美意识也并非凭空产生的，它必然根植于特定的时代，在纷乱复杂的社会现实生活中，只有将这种特定的审美意识放在特定的社会历史背景下加以考察才能见其原貌。

差异性。审美是人在审美过程中通过感知、想象、情感与理解等心理机能的活动而形成的认识、体味、玩赏的一种精神活动，对同一审美对象不同人会有不同的审美感触，审美个性化极强。对同一审美对象，有人看到了俗气，而有人看到了美丽。这就是审美的差异性，它包括群体的差异性，还有个体的差异性。中小学生在心理特征以及身体发育上来说对美有特殊的敏感，因为他们的心灵比成年人要单纯，对身边的自然、社会、人生有许多的细致体验。比如，领略了山川的壮丽，就滋生畅游南北的雄心；看见西天的一抹霞光，就容易有"少年不识愁滋味，为赋新词强说愁"的淡淡伤感；对见义勇为的行为，就产生由衷的仰慕和模仿等等。审美是以相对的经验去体验世界，审美感受是纯主观的。这样就形成了千差万别的具有个体差异的主观评定，所谓"仁者见仁，智者见智"、"有1000个读者就有1000个哈姆雷特"。

整体统一性。审美关系是人作为一个整体和现实发生关系。审美关系是主体的整体性的实现，主体（人）在面对感性对象时，他是调动了由生理到心理，由感觉到思维的自身全部本质力量来对它进行感受、体验的。人的本质力量是多方面的，包括马克思所说的"视觉、听觉、嗅觉、味觉、触觉、思维、直观、感觉、愿望、活动、爱等等在内"，而在现实生活中，人们常出于某种功利性目的，只是以自己某一方面的本质力量来和现实某一方面发生关系。审美关系不同于这些功利性的活动，在审美中，感性的人与理性的人统一起来，意识形态的人与实践活动的人统一起来，人以一个完整的整体来和现实发生关系。

审美的价值 ／

价值活动是在物质实践基础上产生和建立起来的主体与客体之间的特殊活动形式。价值存在于主体与客体的相互关系之中，它是在人类的客观实践活动中所产生和形成的客体对于主体的意义。审美活动就属于价值活动范畴，但它是一般价值活动中的特殊种类。审美活动却是审美主体对审美客体的审美感受、审美判断，是一种精神活动。审美价值与许多事物的物质功利价值相比，具有更明显的精神性，它是一种精神价值；审美活动从功利之用的狭窄之境中超越出来，追求一种精神价值的愉悦性，而非囿于粗陋的实际需要的感觉。因此，审美活动具有超功利性的特点。审美价值更明显地表现为它是以人自身为最高目的、以人的全面而完整的发展为最高理想、以满足人本身的自由生命创造为最高尺度的价值。

我们对于一棵古松的三种态度

假如你是一位木商，我是一位植物学家，另外一位朋友是画家，三人同时来看这一棵古松，我们三人可以同时都"知觉"到这一棵树，可是三人所"知觉"到的却是三种不同的东西，你脱离不了你的木商的心习，你所知觉到的只是一棵做某事用值几多钱的木料。我也脱离不了我的植物学家的心习，我所知觉到的只是一棵叶为针状、果为球状、四季常青的显花植物、劲拔的古树。我们的朋友、画家，什么事都不管，只管审美，他所知觉到的只是一棵苍翠、劲拔的古树。我们三人的反应态度也不一致。你心里盘算它是宜于架屋或是制器，思量怎样去买它，砍它，运它。我把它归到某类某科里去，注意它和其他松树的异点，思量它何以活得这样老。我们的朋友却不这样东想西想，他只在聚精会神的观赏它的苍翠颜色，它的盘屈如龙蛇的线纹以及它的那股昂然高举、不受屈挠的气概。

有审美的眼睛才能见到美，这棵古松对于我们画画的朋友是美的，因为他去看时就抱了美感的态度。你和我如果也想见到它的美，你须得把你那种木商的实用的态度丢开，我须得把植物学家的科学的态度丢开，专持美感的态度去看它。

实用的态度以善为最高目的，科学的态度以真为最高目的，美感的态度以美为最高目的。在实用的态度中，我们的注意力偏重事物对人的利害，心理活动偏重意志；在科学的态度中，我们的注意力偏在事物间互相关系，心理活动偏重抽象的思考；在美感的态度中，我们的注意力专在事物本身的形象，心理活动偏重直觉。真、善、美都是人所定的价值，不是事物所本有的特质。离开人的观点而言，事物都浑然无别，善恶、真伪、美丑就漫无意义。真、善、美都含有若干主观的成分。

人所以异于其他动物的就是于饮食、男女之外还有更高尚的企求，美就是其中之一。

是壶就可以贮茶,何必又求它形式、花样、颜色都要好看呢?吃饱了饭就可以睡觉,何必呕心去做诗、画画、奏乐呢?"生命"是与"活动"同义的,活动愈自由,生命也就愈有意义。人的实用的活动全是有所为而为,是受环境需要限制的;人的美感活动全是无所为而为,是环境不需要他活动而他自己愿意去活动的。在有所为而为的活动中,人是环境需要的奴隶;在无所为而为的活动中,人是自己心灵的主宰。这是单就人说,就物说呢。在实用的和科学的世界中,事物都借着和其他事物发生关系而得到意义,到了孤立、绝缘时却都没有意义;但是在美感世界中它却能孤立、绝缘,却能在本身出价值。照这样看,我们可以说,美是事物的最有价值的一面,美感的经验是人生最有价值的一面。

——朱光潜《谈美》北京大学出版社,2008.

对于审美价值,结合审美主客体的相互关系来诠释,可以概括为以下三个方面:

第一,"静观"与"悦耳悦目"——感官的活跃,灵感的激发。

我们知道,任何一个审美对象最初凸显在审美主体面前的是形式,任何一个审美主体最初接触审美对象的是感觉器官,尤其是视听器官。因此,审美主客体之间的最初关系便是静观关系。在讨论审美主体的超功利性时,我们已经明白静观就是一种无所为而为的态度,处于这种关系中的审美主体在面对审美客体时,往往得到一种感官快适。例如红色给人热情、兴奋与快乐;蓝色给人开朗、宁静与平和;黑色则给人沉重、压抑、恐怖与绝望。再譬如一首优美的音乐,总是首先以其动人的旋律打动人们的心,引起人的听觉器官的快感。在这一层,审美客体给审美主体带来的价值作用,用李泽厚先生的话来说即是"悦耳悦目",他在《美学四讲》中就曾说"人不同于机器人。因为人是一种自然生理的感性存在;人不同于动物,因为人是一种理性的存在。人的感官是容易疲劳的,缺少变迁便会使感官迟钝,没精打采,感官的东西与理性的东西不一样，人与机器不一样，它需要休息和变异，它要求新鲜活泼的刺激，才获有继续生存、活动的生命力。新的刺激使感知得到延长，甚至紧张，从而使知觉专注于对象，不致因习以为常而视而不见。人的灵感是需要敏感的感官、活跃的大脑感受感知这个世界的。人在审美中感官世界的打开，使当下每分每秒的发生都可能成为人的创意与灵感。

第二，"对话"与"悦心悦意"——理性的思索，思维的升华。

审美主体对审美意义的接受不能只是靠静观，更重要的是从形式入手层层转深，领悟对象的内在意蕴，从而达成审美主客体的交流对话，审美主客体双方你中有我，我中有你。处于这一层中的审美主体面对审美客体时总渗透着情感因素的理解，而审美对象也总是以其深层意蕴来打动审美主体，使审美主体在其身上能"直观其身"，产生共鸣。这时，审美对象成为与人密切相关的意义对象，它们总是或深或浅、或明或暗地打上了人生的印记，渗透着人生的内容，表达着人生的况味。像张若虚的《春江花月夜》："江畔何人初见月？江月何年初照人？人生代代无穷已，江月年年只相似。"不仅仅描写了春天江边月夜下的美景，还抒发了思妇游子的相思之情，同时生发出了作者对人生的哲理性的思索。苏轼脍炙人口的七言绝句《题西林壁》："横看成岭侧成峰，远近高低各不同。"不仅仅写出了诗人在游览庐山时，不断变换角度看到的庐山各个方位的景观，而且由此揭示出了一条真理：只有多角度观察，全方位认知，才能看清事物的全貌，认识事物的本质。

第三，"一体圆融"与"悦神悦志"——人格的完满，大智慧的生成。

无论是"静观"还是"对话"，审美主体与审美客体之间或多或少都还有些间隔与分离，尚未达到一体圆融的程度。随着审美活动的进一步展开，审美对象展现出它的"存在"或者"道"境，审美主体从对象身上发现了自身的存在意义，从而忘我地投入到"存在"或者"道"境之中。这种情况下，审美主客体便不再有间隔与分离，而进入一个物我不分，人与世界浑然一体的境界。"悦神悦志"就是人实现了在感官愉悦基础上的理性升华，在道德基础上达到某种超道德的人生感性境界。这是审美客体对审美主体最高的价值体现，说明审美主体"忘我"地"投入"，已经与他周围的自然环境达到了一体圆融的程度，进入"天人合一"的审美极境中。处于这个境界当中的人，往往得到一种生命的超脱，它使人不再在现实生活中沉沦，而是坚定地超拔出来，达到人格心灵的净化。人具有了能够从事物的本体属性上去理解和把握事物的本质和走向的"大智慧"。

古人说："宁可食无肉，不可居无竹。"在现代社会中，科技至上主义对人文精神的挤压越来越强烈，种种异化现象扭曲了人的生活、精神。在这种情况下，我们更加需要审美活动来帮助我们摆脱和超越个体的有限性。于是，审美对于现代人来说便尤其显得重要，审美的需求也更加的强烈。而在审美状态中，我们往往可以忘乎所以，忘情地投入到审美客体当中，从而从人的日常生活有限状态中超越出来，达到心灵的一种升华。在现代社会，我们强调人的全面发展。在物质需求已经得到极大满足的前提下，我们强调人的全面发展意味着更加强调人的心灵的发展，即强调塑造心灵健全的人，充实的人。在这个过程中，审美给我们带来的"悦耳悦目"、"悦心悦意"、"悦神悦志"具有不可替代的意义，是我们不可或缺的。

高校学生现低级审美倾向 传统美育难获学生芳心

华东理工大学青年教师万婷，对校园文艺晚会上的一则"角色反串"节目印象很深：有个大男生穿着裙子、脚踩高跟鞋、抹上口红，在舞台上热舞了一番，演绎一个"女郎"的形象。这位男生的"献丑"表演不仅获得现场同学一片拍手叫好，还迅速积攒了人气，后来被各类晚会盛邀为演出嘉宾。

"一些怪异的、彰显个性和突破传统的作品和艺术表现形式，更容易被大学生们接受。"日前，东华大学举行的一场高校艺术教育科研论文报告会上，不少专家和大学教师在详细分析大学生艺术审美倾向时，表达了一种隐忧：防止高知群体染上低级趣味，如今的大学教育除了要教给学生专业知识外，有必要进一步加强审美教育。大男生不惜"自毁形象"反串艳俗女郎，在高校的文艺演出中，这类"角色反串"节目屡见不鲜，而且经常获得满堂彩。万婷曾找机会和大学生们做过一次访谈，同学们告诉她：这样的表演虽毫无内容可言，但表演者夸张的形象让人难忘，是给人留下深刻印象的"好方法"。"在观众的尖叫中，表演者赢得了5分钟的名气。"如今的大学生们对这类节目见怪不怪，还乐在其中，原因何在？万婷从互联网上找到了一些答案。

打开网络视频，以"芙蓉姐姐"、"凤姐"为代表的一个个走红于互联网的小人物，无不是以忸怩作态、矫揉造作甚至恶搞为"卖点"。"互联网上的一些低俗文化现象正在影响象牙塔的学子，造成了大学生以怪异为美、以丑为美的不健康审美观。"万婷说，分析大学生的艺术审美倾向，以渴望"5分钟名气"为代表的功利导向日益明显。

除了互联网，荧屏上火爆的"超女快男"等选秀节目，也变相激起了很多大学生"以我为美"的艺术审美意识。万婷认为，加强艺术和美育教育，营造高尚的艺术氛围，在如今的大学里显得尤其重要。

——http://news.sohu.com/20111205/n327940501.shtml

教师审美人格与教师的教育人生

教师审美人格的内涵、特征及价值

美是人类的生活理想，又是人类重要的力量源泉。因为有了美，人生才有情趣，生活才有意义,世界才有生命的冲动与热情。"人是按照美的规律来构造的。"[1]人类的审美需要就是表现自己生命的需要,这种需要能否得到满足取决于主体自身审美素质的高低。

教师审美人格的内涵

我们通常所说的人格是从心理学的角度而言的,主要指一个人整体的精神面貌,是具有一定倾向性的和比较稳定的心理特征的总和。人格在横向包含感性与理性人格,在纵向上包含现实与理想人格。审美人格是以感性人格之真与理性人格之善的有机统一。具有审美人格的人认为我们生活于其中的世界不只是一个功利的世界,而是一个充满诗意的世界。他活着,不是为了简单地奔向某一个目的,而是为了生活本身,他的所作所为不是纯功利的,在某种意义是超功利的。审美人格的构建是人摆脱片面发展而追求全面发展的觉醒,是人对自我实现的一种终极追求。审美人格是现实人格与理想人格的统一。审美人格在一定程度上是带有理想的色彩,有一定理想性与先进性,具有号召的力量与激励的价值,同时,审美人格又是立足于现实能够推而广之的人格,是人们通过努力可以达到的人格发展水平。

教师审美人格是教师在长期教育教学实践中丰富与完善起来的、教师个人成熟的综合素质及个人修养所表现出来的能够感染和教育学生的教师整体精神面貌。不仅是教师自身素质的体现,更是教师职业素养的重要标志。教师的审美人格具有独特的群体特征,其审美特质以社会美为核心内容,审美过程侧重于内容,讲求内容与形式的统一。教师审美人格具有高度和谐性与典型示范性,因其不可避免参与教育教学活动,因此对学生审美人格的形成有着强烈的教育影响。由于教师个人年龄、个性、追求不尽相同,教师审美人格又表现出明显的个体差异性,如,有的教师表现出和善的

---

[1]　马克思.1844年经济学哲学手稿[M].北京:人民出版社,2000.

品格之美；有的教师表现出灵动的智慧之美；有的教师表现出善解人意的人情之美。教师审美人格是教师终身追求的动态渐进的永无止境的人格理想。

构成审美人格的四个条件

我国著名哲学大师冯友兰将他所推崇的审美人格称之为"风流"。并从四方面论述"风流"的条件。第一点说，真名士真风流底人，必有玄心。玄心可以说是超越感，超越是超过自我；超过自我，则可以无我；真风流的人必须无我，无我则个人的祸福成败，以及死生，都不足以介其意；第二点说，真风流底人，必须有洞见。所谓洞见，就是不借推理，专凭直觉，而得来底对于真理底知识；第三点说，真风流底人，必须有妙赏。所谓妙赏，就是对于美的深切底感觉；第四点说，真风流的人，必有深情。真正风流的人，有情而无我，他的情与万物的情有一种共鸣。他对于万物，都有一种深厚的同情，其情都是对于宇宙人生的情感。

——冯友兰、李泽厚等著《魏晋风度二十讲》，华夏出版社，2009年版

教师审美人格的特征

第一，以主体精神为前提。

从宽泛的意义上说，人的主体性表现为人的以主动性和创造性为特征的个体精神自由。教师审美人格强调教师的个体意识，追求教师个体的精神自由。一个教师如果没有积极性，他就往往不思进取，教案用"老脚本"，上课是"山海经"，脚踩西瓜皮，滑到哪里是哪里；一个教师如果没有主动性，他就往往抱残守缺，挂上"教参"拐杖就成了瘸子，盯上高考指挥棒就束了手脚；一个教师如果没有创造性，他就往往故步自封，把一潭活水教成一潭死水，又把二潭死水搅浑，乃至用"别里科夫式"的思想来钳制学生活跃的思维、创新的灵魂。具有审美人格的教师前提是不依赖于任何外在的精神权威，

也不依附于任何现实的政治力量，在主动追求真理的过程中，坚持自己独立的判断。

第二，以幸福体验为根本。

幸福是人们生存和发展的需要得到满足的一种状态。幸福是人的生理幸福、心理幸福和伦理幸福的辩证统一，是人性得到肯定时的主观感受。教师的幸福就是教师在自己的教育工作中自由实现自己的职业理想的一种教育主体生存状态。教师幸福来源于教师与学生生命的对话，并在教学实践中得以实现。具有审美人格的教师有较高的精神境界，创造性的教育能力，具有对教育活动过程以及教、学双方的审美能力，因此他能够以审美的心态看教育、看学生、看自己，能够自觉掌握教育的审美评价尺度，因此会在教育教学过程中获得更多的幸福体验。

第三，以自由解放为表现。

审美人格的最大特点是自由。关于这一点，席勒有过这样的论述：在权利的力量的国度里，人和人以力相遇，他的活动受到限制。在安于职守的伦理的国度中，人和人以法律的威严相对时，他的意志受到束缚。在有文化教养的圈子里，在审美的国度中，人就只需以形象显现给别人，只作为自由的游戏的对象而与人相处。通过自由去给予自由，这就是审美王国的基本法律。美从其本质来看是真与善的统一，是自然和社会的客观规律性与人的主观目的性的统一。当善升华为美的时候，人们自觉倾向善，这种善就变得非常富有魅力。因此，具有审美人格的教师对于教师的职业道德规范，就不再停留在指导其如何去谋职的层次，而成为为教师提供精神层面的上升空间。规范不是一种道德的包袱，规范已经与教师生命构成有机的整体，教师因此获得了"从心所欲不逾矩"的自由。

第四，以创造精神为灵魂。

创造性是教师劳动的重要特点之一，也是塑造教师审美人格的重要内容。一个具有审美人格的教师必须具有敏锐的洞察力、丰富的想象力和大胆的探索精神,以及勇于打破传统教育模式、具有开拓进取意识和创新求异能力的品质。没有教师的创造精神,也就没有学生创新意识。对于具有审美人格的教师来说,教育不是牺牲,而是享受;教育不是重复,而是创造;教育不是谋生的手段,而是生活本身!

第五,以灵魂超越为旨归。

审美具有超越性。这种超越性是对世俗功名利禄的超脱,乃是让人不要过分看重这些东西,不要因为过于贪求这些东西而忽视了生活多方面的价值。它让人从个人的功名利禄中超脱出来,而将个人融于集体的大海,在个人与集体(包括阶级、民族、人类)的统一之中去充分实现自身的价值,并从生活本身领略生活的意义包括它的乐趣。因此,审美超越,实际上是对人性异化的一种否定,反过来,它是对人的全面肯定,是对善的升华。教师如果没有超越功利的勇气,教育中一切美好的力量都将消失。只有把超越作为教育的基本价值尺度,教育才能真正关注人的存在状态。超越精神能激励教师从现实的困顿中探求前进的光明,教师的职业才因此而显得尤为可贵可取。

教师审美人格价值

教师审美人格对教师自我的价值。教师审美人格表现了教师在参与职业实践活动中,对于自身先天聪明才智与内在潜能的认知,对于自我人格自然生成的尊重,使教师拥有真正的自我,进而为教师自身的未来发展提供源源不断的前进的能源与持续的动力;教师审美人格能够帮助教师在对内在本质自我认之基础上确立社会群体自我,在积极投入自身职业实践中使自我的内在力量真正获得社会外在形式的体现,使自我获得社会道德性的真正内涵;教师审美人格能够引导教师不断超越社会现实对自我的限定与束缚,使自我的工作保持一种非功利或超功利的态度,在经由自我合于价值理性思索的基础上，实现对现实自我存在状态的关怀与批判，使教师自我不断获得解放，进而使教师获得自我的幸福。因为"幸福不仅仅意味着因物质条件的满足而获得的快乐，而且还包含了通过充分发挥自身潜能而达到完美体验。幸福感更多地表现为一种价值感，它从深层次上体现了人们对人生目的与价值的追问"。[1]总之，教师审美人格能够引导教师不断地自我发现、自我认识、自我磨砺与自我体验，进而达于自我高层次的精神需求，即自我实现，能够引导教师自我不断走进生命之深处而实现自我之完善。

教师审美人格对学生的价值。马克思说过："人对自身的任何关系，只有通过人对他人的关系才能得以实现与表现。"[2]

个人如果忽视他人的存在，也就失去了对自我的认可，失去了人性张扬的空间。传统师生关系中教师以理性现实人格——社会所赋予的智者角色出现，向学生灌输自认为正确的观念，这种以单一自我面目出现的教师人格必然相遇到的是学生单一的自我人格，要使学生从自我的局限性中解放出来，维持着人格发展的无限性与差异性，教师必须以审美人格的面目出现。也就是说，教师审美人格是学生审美人格建构的前提。另外，从微观教学过程的层面来看，教师不仅是教育资源的分配者，而且教师人格本身就是一种十分重要的教育资源，教师审美人格是教师人格的脊梁，有利于教师威信的提高。正如《论语》中所说："其身正，不令而行；其身不正，虽令不从。"

教师审美人格对教育自身的价值。教育是系统的社会工程，任何一个教育过程，总包含着各种各样的矛盾关系，教育的本质特征实则就是协调，而教育其协调性的发挥关键在教师，教师正是这些矛盾关系的调节者，正如《学记》中所说："师无当于五

[1]　邢占军. 心理体验与幸福指数[J] . 人民论坛, 05, (1). 31—33.

[2]　马克思.1844年经济学哲学手稿[M].北京: 人民出版社, 2000.

服，五服弗得不亲。" 这种文化的协调不仅渗透于客观与主观文化之间、还渗透于主观与主观文化之间以及个体内部感性、理性与行为文化之间，这就需要教师既要尊重外在事物发展的客观规律又要尊重人内在主观精神；既能入于书，又能出于书，在人类客观文化与自我主观文化之间灵活转化；教师要能够具有尊重个体文化多样性兼收并蓄的包容精神及厚德载物的博大精深；教师应能够顺应学生多元文化需求及对文本的多元化解读，促进学生与文本主体对话，帮助学生抵达有教学价值的意义空间或意义未定的基础结构，使教学内容在文本与学生的主观精神之间、在历史——现实——未来之间、在各门学科知识之间、在理论的科学世界与实践的生活世界之间自由地穿行。总之，教师转化与协调作用的发挥是保证教育机制协调运转的前提条件，而教师协调与转化作用的发挥其前提条件又是教师审美人格的生成，因为只有作为具有尽可能丰富的联系和属性的主体才能从系统的、整体的、全面的角度去从事认识世界的活动，才能有能力实现文化之间的能量互动，进而实现教育最终的目的——人与社会的共生共荣。

教师审美人格对社会的价值。教师审美人格是实现学生审美人格建构的前提与基础，而学生健全心智的养成，全面和谐发展人格的确立又是实现理想教育目标的前提保证。教育只有在不断追求个体全面、和谐发展的过程中，才能不断促进社会全面、和谐发展的真正实现。

教师审美人格与教师的教育人生 ╱

审美是一种人生实践

首先，审美是无限、全面的生存实践。马克思主义唯物史观认为，实践是人生在世的生存方式，人的生存实践可以分为有限的、片面的实践和无限的、全面的实践。有限的实践往往只同人的某一方面的单一追求（如单纯的求真、或者求善、或者单纯的追求感官欲望）相关。欲望只是涉及人的感官，它仅仅是肉体的，而与人的心灵与精神无关，所以是片面的。而无限的、全面的实践则体现人与世界关系中的全面追求，其意志、欲望、理想、目标的实现，能够完整地体现人的多方面本质力量，并能够在对象化过程中全面地在对象中显现出来，从而能够在对象世界中直观自身。审美因为具有超越性与整体性，因此它属于无限全面的实践方式，人在审美实践中自我与对象是合一与和谐的，体现了人的主观自我与客观对象的整体结合。

其次，审美起源于人类生存与发展的实践，最终目的也是为了满足人类生存与发展实践的实际需要。人作为一个有机生命体，作为一个社会性存在，有着无穷无尽的欲望和需要。马克思主义创始人对人的需要作了总体上的层次划分，把它们分为生存需要、享受需要和发展需要三个层次，生存需要是人的固有的基本的需要。人满足自己生存需要的活动方式是劳动，劳动决定了人的特有本质。劳动促成了人类特有的感官，发达的智力，思维能力与语言表达能力，劳动的交往活动中创造了人类的社会环境，劳动过程也发展出了人类的文学艺术等精神生产。可以说，人类特有的生物属性、社会属性和精神属性都是在劳动中获有的，劳动创造了人，因此对人类本质的追寻与人类活动的探源不能离开对劳动的考察。作为人类生命活动主要形式的劳动具有双重意义，一方面，它作为主体改造客体的实践活动，是满足人的生存需要或谋生的手段。劳动使人的活动具有主动性，工具的制造标明了这种主动性，标志着人类文化的产生。劳动使人的存在既是物质的，又是精神的，并使人类对于客观世界的改造也必然从物质与精神两个方面进行。因此，把劳动作为谋生的手段时，人的生命活动就获得了某种不同于原发性的生命活动的自由。另一方面，劳动本身就是一种生命活动，是人的需要和目的。马克思曾精辟地指出:"我的劳动是自由的生命表现,因此是生活的乐趣。"[1]他提出了劳动是生命的自由表现这一特征,并且肯定个人能在劳动中感受到生活的乐趣。在劳动中,人不仅把外界物作为自己的对象,而且还把人自己与自己的生命活动作为对象。这样,人在劳动和其他的生命活动中所感到的自己的力量和成功的快乐,所获得的生命活动的自由,使人类的主体意识逐渐成为人的一种特殊的生命需要——有意识地追求快乐,追求生命的自由与和谐,这就是审美需要。人们的审美观念不是凭空而来的,它最初起源于人生存的实际需要,起源于人的物质生产劳动,它合乎生存实践的情理。

审美起源于劳动——汉朝诗歌对女子双手的赞美

汉朝诗歌,在赞美女子相貌时,多首作品特别提到她们的双手。比如:"指如削葱根,口如含朱丹"(《古诗为焦仲卿妻》)。"娥娥红粉女,纤纤出素手"(《古诗十九首》其二《青青河畔草》)。"纤纤擢素手,札札弄机杼"(《古诗十九首》其十《迢迢牵牛星》)。

以上说明汉朝的家庭手工纺织业相当发达,汉朝人之所以重视女子双手,是因为纺织需要。妇女基本上都要从事这一项劳动。从这些诗歌不难看出,汉朝人的美女标准中,女子双手的纤细灵秀占有重要地位,类似今天选美比赛中的三围指数。可见,人们的审美观念不是凭空而来的,它起源于劳动,它合乎生活实践之情理。违背生活实践情理的审美理论是没有价值的也是经不起实践检验的。

——http://cul.china.com.cn/2011-11/16/content_4627217.htm.

审美活动最终目的也是为了满足人类生存与发展实践的实际需要。从人类总体说,除了最基础的物质生产劳动以外,审美活动极大地推动了人类的发展。如果没有

---

[1] 《马克思恩格斯全集》第42卷38页,人民出版社,1979年第1版.

审美活动，人类就不可能向着更高的文明迈进。从人的个体来说，不管什么人，在现实生活中都会遇到各自的烦恼，不会一直一帆风顺，每个人都是生活在有限的实践中，都是有局限性的。在日常的社会生活中，我们没有办法超越我们有限的生存，往往在这种情况下人就需要审美活动，需要借助审美活动来帮助我们摆脱和超越个体的有限性。在审美状态中，人往往可以忘乎所以，忘情地投入到大自然或者文艺作品中去，从而使人从日常有限状态超越出来，达到一种升华。这时人会感觉到心旷神怡，大自然已经不再外在于我们，已经与我们融为一体，人超越与摆脱了日常生活的种种烦恼，获得一种精神上的愉悦、享受和升华。因此，无论人类个体还是人类群体，要发展就要审美活动；而且，我们对文明的要求程度越高，我们对于审美的要求就会越强烈。科技越发达，人们的物质生活越丰富，生活对于人的压抑也就越强烈，因此，就越需要精神生活来补偿，所以审美对于现代人的发展而言就更加重要。

最后，审美实践是以人生实践为源泉的。审美创造与审美欣赏都离不开人生实践，审美活动需要在人生实践中不断地汲取营养才能丰富和发展起来。叶圣陶先生曾经说过："生活如泉源，文章犹如溪水，泉源丰富而不竭，溪水自然活泼地流个不歇。"生活实践是文章艺术创作的源头，文章创作的思想、观点、感情及一切材料都来自现实生活。如果创作者生活丰富，接触的事物多、见识广、视野开阔，感受就会深刻，写起文章来就会左右逢源，触类旁通。其实，无数的艺术实践证明，艺术创作要想获得成功，必须扎根于现实，从现实中获得灵感、材料与形式。无论现实主义还是浪漫主义作品都是要根植于现实生活实践的。艺术对于生活实践的扎根，不仅是一般理解上题材的获取，它同时也是主题、意向的获取，艺术表达机制的获取。中外艺术史上一切优秀的作品无不是从人生实践获得源源不断的养料，才获得艺术创造的成功，才有着比较长远的生命力。

厉归真深山画虎

厉归真，自号迂疏子，五代后梁人。他是个道士，又是个画家，善画山水、林木、禽兽，尤工鸳禽，喜画牛、虎。据传，厉归真初时只善画牛，并不会画虎。但当时的人大都崇尚老虎的威武雄壮，喜欢在客堂里悬挂绘有老虎的画幅。厉归真于是决心学习画虎。开始时，他画的老虎不像，甚至有点像牛。厉归真想，"不入虎穴，焉得虎子"？没有见过真老虎，怎么画得好老虎呢？他决心进深山，实地观察老虎的情况。于是，他备足干粮，带着画具，来到老虎经常出没的深山，托人在一棵大树上搭了一个草棚，就在这个草棚里住了下来。在猎户伯伯的帮助下，厉归真终于见到了真的老虎。自从他见到真老虎以后，厉归真的画虎技能突飞猛进，笔下的老虎栩栩如生，非常逼真，人们称赞他画的虎是"远观其虎如活"。

——http://www.httingshu.com/Book/MingRenGuShi/Part/35

审美是一种特殊的人生境界

人生境界是一个具有精神特性和层级性的概念。它指人在生存实践中的精神修养与思想觉悟的程度，是人对于宇宙和人生的自觉和对生命意义、幸福感的感悟水平，审美境界是人生境界的一种特殊形式。

在实际的人生实践中，由于每个人的生活阅历、命运遭际、教育学养的差异以及人们对生活自觉理解的程度不同，所追求的生活目标也不同，因此往往形成不同的个人生活境界。中国现代新儒学大师冯友兰先生，将人生分为四个境界：第一境是顺习而行的"自然境界"，此境界之人以本我为中心，以本能的生物形式存在，他的存在对他人和社会没有实际意义；第二境是讲求实际的"功利境界"，此境界之人以自我为中心，以自我为取舍，他的存在和作为对自身有着实际意义，对他人和社会的意义也是相对于自我意义而言；第三境界是正其义、不谋其利的"道德境界"，此境界之人的一切存在和作为，皆以他人和社会为中心，对社会伦理有着极为重要的意义；第四境是超越世俗的天人合一的"天地境界"，此境界之人的一切存在和作为，以大自然和宇宙为中心，对宇宙万物有着极为重要的意义。其中，自然的、功利的、道德的境界都不可能成为审美境界，就是天地境界，虽然与审美境界在内在精神上相通，但也不能直接等同于审美境界，这里还缺少审美境界形成的内因与机制。

首先，审美境界是比较高层次的人生境界，它不同于高于一般的人生境界，是对人生境界的一种诗意的提升与凝聚，是一种诗化了的人生境界，美的境界比善的境界更高远、完备、深刻和超越，也更加自然、自由、和谐和感人，孔子谓之"文质彬彬，然后君子"。其次，审美境界是情与景、心与境、主体与客体、感性与理性的有机统一。这种情境的有机统一表现在接受效果上是有限与无限的统一，无限对有限的超越，达到自由自在、无拘无束的状态。其中，有限的是景和物，无限的是情、思、想象和韵味。所以，从一般的人生境界向审美境界生成，这是一个从人生的较低层次向较高层次提升的过程，也是一个意义与价值生成的过程，又是一个意蕴生成的过程，是人的精神世界的诞生与扩展。它的范围不可避免涉及现实人生的各个领域，交织着人生真、善、美的各个方面。因此，如果对于人生境界不加以区分，或者将人生境界的范围加以缩小，或者将人生境界的状态加以凝固，都不符合人生境界向审美境界生成的特点。总之，人生境界向审美境界的转换是一个不断生成的过程，其生成的机制在于精神上的修养功夫和内在的实践。

审美人生境界的动态生成——《听雨》宋·蒋捷

宋代的词人蒋捷，他的一首《听雨》，无论在内容上，还是在韵律上都应该是经典之作。"少年听雨歌楼上，红烛昏罗帐。壮年听雨客舟中，江阔云低断雁叫西风。而今听雨僧庐下，鬓已星星也。悲欢离合总无情，一任阶前点滴到天明。"蒋捷的这首词就那么几十个字，三次听雨，概括了人一生的境界：青春的张扬和激情、中年的奔波与流落、晚年的凄苦与无奈，道尽了人生的悲欢离合，情仇爱恨。特别是最后僧庐下听雨，以"一任"两个字，把人生的悲哀和无奈写到了无法言说的极致。

人们在追求审美人生的过程中，同时不断地拓宽自己的胸襟、涵养自己的气象，不断提升自己的人生境界，不断提升人生的意义和价值，最后达到最高的人生境界，也就是审美的境界。

审美：教师在教育实践中追求的最高人生境界

教师教育实践具有审美性特点。这种审美性主要体现在：

首先，教师教育实践的审美性体现于独特的学校教育审美场域之中。"场"的概念源自于物理学。教育审美场是指整个教育时空中制约审美化教学活动的氛围。它不是审美活动本身，而是审美活动得以展开的气氛、情绪环境，是审美活动得以"生长"的"土壤"。它体现了学校内部各种要素处于运动中的平衡，差异中的协调，纷繁中的有序，多样化中的统一状态，也就是一种相互依存，相互协调，相互促进的一种状态。一方面，学校教育审美场体现在学校教育管理的和谐之美。教育管理实践的基点与价值理念在于实现人性与物性的辩证统一，它反映了管理的客观物质性与人的主观能动性的辩证统一关系。管理的内容与手段在于实现软管理与硬管理的辩证统一，硬管理是软管理的保证，学校物质、制度的硬件建设是学校发展的前提基础，软管理又促进硬管理的实现，没有学校群体价值观的支持，再好的制度也难以推行；管理的内在品质在于理论性与实践性的辩证统一，学校文化的继承性体现了学校文化的稳定性与连续性，它是学校文化权威性的保证；学校文化的创新性体现了学校文化的灵活性与超越性，它是学校文化发展性的保证。重视人的自由、情感、理解与信任等人的非理性因素在管理过程中的作用,它能够激发教师主动精神、创造意识和工作责任感,指向外在客观现实的,它尊重事物发展的客观真实性,它要求务实,要求人对自我言行承担一定责任。另一方面,学校教育审美场还体现在课堂生态之美。教学活动系统是一个具有生命活力的生态系统,教学的生态性是教学的内在特质;教学的生态特征主要体现在:生命性、整体性、开放性、动态平衡性、共生性;教学的生态功能与教学的生态特征是紧密联系的,教学有着丰富的生态特性,这些特性都是通过教学的生态功能得以表现和发挥出来,教学的生态功能主要表现在三个方面,即可持续的育人功能、系统规范功能和动力促进功能。教学的这些生态功能维持和发展了教学,使教学活动井然有序、持续发展,更促进了人和自然、社会的和谐发展。

其次,教师教育实践的审美性体现在教育过程的自由与创造之中。我国已故著名美学家蒋孔阳先生有两句相关的名言:"美在创造中。""美是多层积累的突创。"教师教育实践的审美性体现在教师教育过程中的自由创造。所谓创造就是指一种制作出世界上原本没有的东西的实践活动,所谓自由就是能够把握并运用事物的规律来达到自己目的的状态。一方面,教师在教育实践中都以自己独特的思维方式和操作方式去加工处理各种信息,并制作出富有新异层次和特点的教育内容体系;都以巧妙而独特的方法和表现力去设计教育环节、捕捉教育时机,组织和开展具有鲜明个性特征的教育活动;在不同的时间里,对同一门课程、同一种教材,也有着新的理解和新的创造。从学生来讲,具有审美意味的学习过程,也正是学生积极的主动的富有个性和创造性的活动过程。他们凭着与自己个性心理特征相连的独特的感受、情感体验和思维方式去认识、掌握和消化教育内容及其他教育影响。总之,无论是教师教的过程,还是学生学的过程都体现着人的族类对自由的渴望和要求的共同特征。一句话,教育美必然体现着对人的个性自由的充分肯定。当然,教育美在体现人的个性自由的同时,又必然地渗

透着、融合着、体现着一定的社会要求，必然为社会实践所规定与制约。教育美必须能适应社会发展的要求，促进社会的发展。教师教育实践的审美性在于个性自由与社会要求的有机融合和完美统一。不符合个性自由、和谐、全面发展的社会要求是死板僵化的教条，不符合社会进步的个性"自由"是肤浅的放荡，两者都不可能是美的。

再次，教师教育实践的审美性体现在师生主体间性的人际交往中。主体间性则是主体与主体在交往活动中所表现出来的以"共主体(交互主体)"为中心的和谐一致、相互理解等集体特征。主体间性是人的主体性的扩展，其本质仍然离不开主体性。在课堂中，师生的交往活动成了每个行为主体活动的一个基本构成部分，在教学活动中建立起教师与学生、学生与学生多主体的互动关系。师生主体间性的人际交往中体现了师生"共情"基础上的和谐，它是师生能够设身处地的领悟彼此"所思、所感、所为"的个性心理品质，是进入师生彼此精神世界的能力。教师充担的角色是顾问，是以平等、民主的方式对学生的学习活动予以切实的指导。老师在了解学生的心灵过程中呵护学生的心灵，体验学生内心情感，学生在学习过程中就会更加积极主动地探索与创造，课堂变成了学生自由想象的空间，不断擦出智慧的火花，同时，课堂也变成了教师和学生交往互动的舞台。只有在这样的课堂氛围中，才能使师生主体间性的交往关系得到充分的发展和体现，建构一种教学相长、尊师重道和谐的师生关系。

最后，教师教育实践的审美性体现在教师对于文本的解读与选择过程中。教师对于文本的解读分两个阶段："静态文本解读"和"动态文本解读"。"静态文本解读"主要是指：教师披文入文本，与作者、与作品中的社会生活——人、事、景、物对话，站在实施《课程标准》的角度，解读语言、思想、成文法则的复杂过程，亦即备课与写教案的过程。这里的"动态文本解读"主要指课堂上在教师的指导下学生感知、理解、评价、创获文本的过程。在这一过程中，师生通过观照文本与作者及作者笔下的人、事、景、物进行心灵对话，实施"静态文本解读"确立的教学过程预设，实现三维目标，创生三维目标。教师教育实践的审美性体现在教师对文本的动态解读中，这是一种灵动、不断生成的状态。

王国维人生三境界

清末民初鸿儒王国维在其著作《人间词话》里谈到："古之成大事业、大学问者，必经过三种之境界。"

第一种境界："昨夜西风凋碧树。独上高楼，望尽天涯路。"这一境界指做学问成大事业者，首先要有执着的追求，登高望远，瞰察路径，明确目标与方向，了解事物的概貌。

第二种境界："衣带渐宽终不悔，为伊消得人憔悴。"这一境界指成大事业、大学问者，不是轻而易举、随便可得的，必须坚定不移，经过一番辛勤劳动，废寝忘食，孜孜以求，直至人瘦带宽也不后悔。

第三种境界："众里寻他千百度，蓦然回首，那人却在，灯火阑珊处。"这是最终、最高境界。指做学问、成大事业者，必须有专注的精神，反复追寻、研究，下足工夫，自然会豁然贯通，有所发现，有所发明，就能够从必然王国进入自由王国。

由王国维人生三境界可以引申出教师在教育实践中的三种不同教育人生境界。

教师的职业境界——"昨夜西风凋碧树，独上高楼，望尽天涯路"。第一种境界是教师"以道为乐"的无我境界。这是教师树立远大志向，执着追求的阶段。此时教师处于专业发展的预备期，也是对教育事业的情感堆积与酝酿期。此时教师对于所从事的教育事业充满着美好天真无忧的想象，只有树立远大志向的教师才会将教育教学当成一种事业，由此也才会迸发出对自身职业的热情与激情。此时教师是刚刚踏入职业生涯的"经师"。

教师的专业境界——"衣带渐宽终不悔,为伊消得人憔悴。"第二种境界谓之教师"与道为一"的求我境界,这是教师主体性奋力浮现的阶段,此时教师通过孜孜以求、废寝忘食的学习与思考,已经掌握了过硬的从教本领,教师有深厚的专业功底,有独特的教学艺术和风格,有出色的教学效果,有对教育教学的研究和探索,直至著书立说。同时教师能够理智地确立自己的人生价值与目标,此时教师是专业成长的"能师"。

教师的事业境界——"众里寻他千百度,蓦然回首,那人却在灯火阑珊处。"这一境界也谓之审美境界。这是教师在经过多次波折与磨炼之后逐渐成熟,进而在自己领域内有所创建并形成了独特的教育教学风格的忘我境界,这是由厚积到薄发、功到自然成的阶段,此时教师的教育教学活动完全出自教师自身自然而然精神需要的满足,教师忘却了自己的主体地位,与整个知识、教学活动和学生完全融为一体。此时教师沉湎于生命创造的幸福与快乐中,教师生命经历了无限自由的精神遨游,此时教师是专业成熟期的"人师"。人师是教师修养的最高境界,不仅教书,而且育人,以其高尚的人格塑造学生的人格,对学生心灵的影响深刻且久远。人师达到了高于并超越教材的境界,能够给学生比教材更多的东西,兼备教育实践家与教育理论家的双重角色的优秀素质。作为实践家,他们躬行实践,始终活跃在教学改革的实验当中,对教育教学进行最真实最有创造性的变革,从而不断突破自我,超越自我。作为理论家,他们思想深刻,勤奋耕耘,著书立说,在理论上有突出的建树。

/ 学生审美人格的建构是教育的重要使命 /

学生审美人格的建构是教育的重要使命 /

培养什么人的问题是一个带有根本性的问题,它既关系到教育的走向,更关系到教育所培养的人的素质。哈佛的校长曾说过:"大学要提供无法用金钱衡量的最佳教育。这种教育不仅赋予学生较强的专业技能，而且使他们善于观察，勤于思考，勇于探索，塑造健全完美的人格。特别是通过不同学科领域知识的渗透，使从事科学研究的人懂得鉴赏艺术，从事艺术创造的人了解科学，使每个人的生活更加丰富多彩。"因此可以说：具有审美人格的人是当代教育所应该培养的人，换句话说，建构审美人格是当代教育的使命。

审美人格建构是一项系统工程，它不仅仅与学校教育有关，它还涉及其他社会因素，跟社会整体文明发展程度息息相关。当然还与个体自身主观努力密切相关。另外，审美人格的建构也不是一朝一夕的事情，它贯穿着整个人的一生，是一个终身的过程。但是，应当看到，学校虽然不能完全决定审美人格的建构，但它在审美人格建构中却发挥着不可替代的作用。学校教育奠定审美人格发展的基础，确定着审美人格发展最基本的规定性，因而具有十分重要的奠基性意义。但是，从全面的观点来看，学校教育既有建构审美人格的力量，也有压抑审美人格的力量，只有审美化的教育才能达到建构审美人格的目标。奥地利心理学家阿德勒说过："学校是每个儿童在其精神发展过程中所必须要经历的一个场景。因此，它必须能够满足健康精神成长的要求。只有当学校与健康的精神发展的必要性保持和谐，我们才说这是一个好学校。只有这样的学校才能被人称作是社会生活所必不可少的学校。"[1]我们应当努力追求阿德勒所说的这种"好的学校"，通过审美化教育为学生审美人格建构发挥积极的作用。通过审美化教育促使学生人格中的审美特征不断地丰富、充实、增长和提升，达到一个人可能达到的最高境界。

审美化教育的内涵、本质与功能 ╱

审美化教育的内涵

黑格尔说："审美带有令人解放的性质，它让对象保持它的自由和无限，不把它作

---

[1]　[奥]艾.阿德勒著，陈刚、陈旭译：《理解人性》，贵州人民出版社，1991年版，第209页.

为有利于优先需要和意图的工具而起占有欲和加以利用。所以美的对象既不显得受我们人的压抑和逼迫，又不显得受其他外在事物的侵袭和征服。"审美体现了人类追求自由的本质，它是人类实践活动相对发达的产物，是人生命存在的特殊形式，是人自由全面发展和人本质的全面实现。审美化教育即教育的审美转化，是为了人本质力量的自由实现，而以一种审美精神对教育活动加以全方位美化，是在教育活动中充分发挥教师的创造作用，使之产生在知识传递中所展现的自我本质力量的愉悦体验，使学生在教育活动中也充分发挥主动性，充分体验教育的审美感受。审美化教育指通过挖掘教育内容本身的内在美和运用教育形式艺术化的外在美来促进学生素质全面和谐发展的教育。在审美化教育中，教师与学生既是审美的主体，又是审美的客体，他们都以对方存在为审美前提，各自向对方输出美的信息，同时又各自感受到对方反馈到的美的信息，在师生双方交流中进行审美活动。因此，教育要实现审美转化首先要实现教师教育理念的转化，教师要具有按照美的规律去实施教育的意识；其次，教育因素的审美转化。即将本来不具有审美特性的某些教育因素按照美的构成规律使之转化而具有审美特性，使教育更具有创造性、更加趋向完美；最后，建构对话交往审美型师生关系，充分发挥学生的主动性。

审美化教育的本质

首先，审美化教育是一种和谐教育。和谐教育是指教育的各个构成要素相互协调、有机统一。和谐教育的目标在于实现感性与理性精神世界的协调；和谐教育的内容在于实现文科课程、科学课程与技术课程的统一相得益彰；和谐教育的方式在于实现教学、阅读、体验、交往、活动等多种教育方式的有机结合。

其次，审美化教育是一种个性教育。个性教育就是尊重、鼓励和发展学生独特性和优势的教育。通过开展各种各样的活动，及时捕捉学生在自由选择的活动中显露出来的闪光点，即发现学生的智慧潜能和创造力并加以鼓励和培养。使学生的个性得到充分、和谐、健康的发展。个性教育就本质来说是扬长的教育，不是补短的教育。个性教育要求教师对学生积极评价使之形成自我认同、自我肯定、自我欣赏的人格。

再次，审美化教育是一种自由教育。自由教育是解放学生时间与空间的教育。自由时间"就是可以自由支配的时间……这种时间不被直接生产劳动所吸收，而是用于娱乐与休息，从而为自由活动和发展开辟广阔天地。[1]自由的教育能够为儿童提供足够展现他们天性的生活空间，引导儿童对生活多向感知与领悟，而不把他们限制在课本、课堂、作业及考试的狭窄天地里；自由教育是师生平等合作的教育。学生丰富的本质力量只有在自由的教育条件下才能够充分实现和切实展开，这就要求师生形成伙伴性"我与你"的关系，只有在师生批判性的思维对话中才能产生批判性的思维；自由教育是自主选择的教育。在教育中，学生应当支配教材，支配自己的学习，因为人不仅具有选择的必要，而且具有选择的能力，只有合于自身兴趣与爱好的选择才能给人以愉悦感，当然，这并非要放弃教师作为指导者的责任，因为自由是相对的，它和纪律是一个统一体的两个矛盾着的侧面，对于儿童的天性，无论放纵还是禁锢都将导致人格片面发展。提倡自由也不否定学生个人的责任与努力，一个人要享受自由必须承担相应的责任。

此外，审美化教育是一种超越教育。超越教育与功利教育相互对立，它使人超越物欲的羁绊，追求人的精神价值。它要求在适应现实、满足功利需求的同时，应当充分考虑自身的独立性与非功利性。超越教育重在培养学生执着的理想追求与超脱的人生价值取向，重在培养学生乐观的生活态度，使学生在现实生活之外还追求一种精神

[1] 《马克思恩格斯全集》第26卷第3分册，人民出版社1972年版，第282页.

生活与理想生活。

最后，审美化教育是一种创造教育。我们要求学生全面发展并不等于均衡发展，更不等于培养标准件。"人是在创造活动中并通过创造活动来完善他自己的。"[1]创造教育就是培养学生创造意识和创造能力，使之形成创造型人格的教育。创造性思维有：理论思维、直观思维、倾向思维、联想思维、联结与反联结思维、形象思维、扩散思维和集中思维。创造性思维的重要之点是想象力，丰富的创造性想象力才是首创的保证。创造教育强调培养学生提取、加工信息的能力，创造教育提倡培养学生探索众多的设计方案，学生选择与决策的能力；创造教育着重学生的发散思维能力的训练，注意培养学生解决模糊领域问题的能力，注重学生对未来社会的应变能力等。

审美化教育的功能

第一，审美化教育具有令人愉悦的可感形象，它对良好的思想品德的形成具有潜移默化的作用。我国著名的美学家朱光潜在一本《谈美》的书中说："美不完全在物，也不完全在人心，她是心物媾成的婴儿。"人们的任何道德行为，都是发源于人们的内心指令，一切道德规范，只有当它成为人们内心信仰和要求之后，才能在实践中付诸行动。审美教育就是用美的事物、美的形象来打动学生，感染学生，从而使广大学生在效仿榜样的潜移默化中实现思想道德教育，通过美的鉴赏和情感的变化来分辨美丑，自觉地扬善弃恶，不仅达到"好德"的境界，而且达到"乐德"的境界，从而实现思想的升华。

第二、审美化教育可以帮助学生增进身体和心理健康。现代生理学和心理学研究表明：心情愉快，能促进思想的健康发展；反之，由于紧张、烦乱以及一切恶劣心情，感到困惑郁闷，则会带来思想上的负面因素。曾有媒体进行过一项高校流行语调查，"郁

---

[1] 《学会生存——教育世界的今天和明天》，教育科学出版社，1996年版，第188页.

闷"一词以55%的得票高居榜首。大一学生为"现实中的大学与想象中的象牙塔不一样"而郁闷,大二学生为"敏感"的校园人际关系"以及"校园内部贫富差距显露的社会不公而郁闷,大三和大四学生则开始因为"考研、就业与恋爱带来的一系列问题"而郁闷。专家指出,"郁闷"是一种笼统的心理亚健康情绪的反映。针对学生的"郁闷",高校教育者应积极引导学生走向社会,走进大自然。面对美好的事物、神奇的山川,人的心灵会激动得发颤,自我追求、自我完善的驱动不禁油然而生,而且会渐渐化作自觉自愿的美的潮流,使其心气通畅,人格升华。

第三,审美化教育可以帮助学生树立对学习工作的审美态度。苏联著名学者瓦·阿·苏霍姆林斯基说:"人类美的标准——这同时也是道德的标准。健康的身体、崇高的道德、高尚的美感——这可是我们通常总说的那种和谐。"构建和谐社会,营造和谐环境,就必须理性地看待学习、工作的审美价值,在学习工作中领悟自己付出的价值、生命的意义和自我实现、自我超越的愉悦,进而激发其勤奋学习、爱岗敬业的热情,进而调动学习积极性和奉献激情,实现思想上的升华。

/ 教师审美人格与学生审美人格建构的关系 /

德国哲学家雅斯贝尔斯说:"真正的教育是一棵树摇动另一棵树,一朵云推动另一朵云,一个灵魂唤醒另一个灵魂。"清华大学老校长梅贻琦先生是这样说的:"学校犹水也,师生犹鱼也,其行动犹游泳也,大鱼前导,小鱼尾随,是从游也,从游既久,其濡染观摩之效,自不求而至,不为而成。"教育是一种用生命感动生命,用心灵去浇灌心灵,以人格化育人格的事业。教育的至高理想在于追求教育无痕的艺术,这种教育艺术和智慧能给学生带

来的"润物细无声"的教育成效。教师审美人格的建构是达到这种"润物细无声"的教育成效的根本途径。

教师审美人格建构对于教师自身意味着什么 ╱

教师常被人誉为"人类灵魂的工程师",而"人类灵魂"是要用"心"去努力塑造的,正所谓"育人先育己;正人先正心"。当代美国著名教育家帕克·帕尔默在其著作《教学的勇气——漫步教师心灵》提出"真正好的教学来自于教师的自我认同与自我完整"。他认为"教师要返回自我根基,在自我根基上教学与思考",因为"如果教师对自我毫不关心,导致灵魂失守,教师如何去爱护学生的灵魂"?教师审美人格的建构在于使教师回归生命之本真状态,在实践中自觉追求逻辑理性与道德情感,人生信念与实践行为和谐统一,使教师能够成为自由的、有创造性的、实践存在着的人,恢复教师自我生命及生活的完整,进而实现教师自身的幸福。教师在培养学生的同时,也在净化着自己的灵魂,这只蜡烛在照亮别人的同时,首先要照亮自己。法国文学家罗曼·罗兰说过,"要播撒阳光到别人心中,总得自己心中有阳光"。教师只有德才兼备,智慧如泉水喷涌,道德、言行才可作学生的榜样。

教师审美人格建构意味着"主我"与"客我"的有机和谐

美国人格心理学家米德 (G. H. Mead) 在20世纪初就用"主我"与"客我"两个概念来描述自我的两个侧面,"主我"指的是具有深度价值感与意义感的内隐自我,它包括对本体自我"我究竟是怎样的人"的追问和对理想自我"我应该成为怎样的人"的期待;"客我"指的是外在的社会现实自我。教师对于自我生命构成主客我彼此间矛盾关系的道德调节,它反映了教师对于自身的道德关怀,同时它也影响着教育内部整体关系道德调节功能的有效发挥。"客我"生存与"主我"存在的矛盾,它直接导致教师自我权利驾驭失控。德性"是一种习惯与欲求正当之物并选择正当行为去获得的个人品质。"[1]它"是一种获得性人类品质,这种德性的拥有和践行使我们能够获得实践的内在利益。"[2]作为主客我关系之维理想状态的德性伦理强调在主客我关系的调节中保持适度的张力,实现合"主我"目的性与合"客我"规律性的辩证统一,它能够使教师在实践中自觉追求逻辑理性与道德情感,人生信念与实践行为和谐统一的完整教育,使自己回归生命之本真状态,成为自由的、有创造性的、实践存在着的人,进而实现对自我和谐关系之网的良好把握,实现自身的幸福。

教师审美人格建构意味着教师形成了外在事功人格与内在德性人格的有机统一

教师审美人格建构意味着教师形成了外在事功人格与内在德性人格的有机统一,意味着作为具有尽可能丰富的联系和属性的教师主体已经能够从系统的、整体的、全面的角度去从事认识与改造世界的活动。教师外在事功人格即教师实然的处世能力与应世之道,表现为教师具有的"何以为师"的知识、技能与技巧,即:"教什么"的学科专业知识与"怎么教"的教育专业技巧。教师内在的德性人格即教师应然的人生价值追求与为人之道,是教师主体在对自身职业的意义、精神归属、教育方式的体认基础上而生成的精神品质与道德境界,是教师对自身"以何为师"的人生目的追求,它对教师自身发展起到了"方向性"的定向作用。教师审美人格是教师内在德性人格与外在事功人格的辩证统一。教师的内在德性人格是中心点,外在事功人格是挺立点,事功人格需要德性人格的引领,德性人格需要事功人格的观照。德性人格目的在

---

[1] 陶志琼. 关于教师德性的研究[M]. 上海: 华东师大学报教育科学出版社. 1991. 1.

[2] 美. 麦金泰尔. 德性之后 [M] . 北京: 中国社会科学出版社. 1995. 241.

于使教师向内探寻，有效实现对自我生命境界的提升；事功人格目的在于向外求索，有效实现对客观现实环境的改造。教师由此具有了这一特殊职业群体所独具的做人品格与做事能力，实现了教师自身"内圣而外王"的人格境界。

教师审美人格建构意味着教师心灵的成长

"教育是心灵唤醒的艺术"，如果教育者本身精神空虚，心灵贫瘠，这样的教育效果可想而知，充其量只是一种简单的知识传授，其中充满着机械和枯燥，学生缺乏兴趣和心理认同，这样的教育就没有生命力。可是，如果一个教育者精神充实，知识渊博，时刻以自己的人格影响学生，以自己的心灵感召学生，这样的教育教学就充满了灵性，充满了文化的气息，必然激发学生学习兴趣和求知的强烈欲望。然而，1996年，许金更、许瑛国对北京市15所554名小学教师的问卷调查结果发现，有58.46%的教师在工作中烦恼多于欢乐；28.57%的教师在工作中经常有苦恼；33.64%的教师在校内很少同别人交往；40.15%的教师很少同校外人交往。调查对象中有55.98%的教师经常患病或有慢性病。2004年4月，国家中小学生心理健康课题组对辽宁省168所城乡中小学的2292名教师进行检测，发现这个省的中小学教师的心理障碍发生率达50%之多。2005年中国教师职业压力和心理健康调查显示：有轻微工作倦怠的教师占被调查教师的86%，有中度工作倦怠的教师占被调查教师的58.5%，有比较严重的工作倦怠的教师占被调查教师的29%！这个调查不一定精确，但至少表明了一种令人忧虑的趋势。教师审美人格的建构目的在于培养和提高教师对美的欣赏、鉴别和创造能力，并使之建立起崇高的审美理想、形成健康的审美情趣，让心灵得到陶冶，人格心理结构得到完善。教师审美人格建构意味教师的整体人格得到发展，真正成为一个心理健康、奉献社会的园丁。在促进其心灵的发展与完善方面，有着特殊的功能。因此，要是真正成为一个心理健康、奉献社会的园丁、就绝对不能忽视审美的这种特殊功能。它标志教师在成长中日渐聚集的强大力量，心灵的内涵不断丰富，外延不断扩展，教师生成了主动追求理想的文化自觉，这种文化自觉会带领教师不断地鞭策自己，完善自己。教师生命由此而日渐脱离平庸，朝向优秀乃至卓越持续迈进。

教师心理健康六项指标

1.正确的角色认知。即能恰当地认识自己，并能愉快地接受教师的角色；

2.具有健康的教育心理环境。即在教育中教师的情绪稳定、心情愉快、反应适度、情绪自控、积极进取；

3.教育的独创性。不人云亦云，能创造性地工作；

4.抗焦虑程度高。能忍受困难与挫折的考验；

5.良好的人际关系。能正确处理学生、家长、同事与领导的关系；

6.善于接受新事物、新理念，不断适应改革与发展的教育环境。

——http://health.ifeng.com/psychology/detail_2011_09/09/9071988_3.shtml

教师审美人格建构意味着教师形成自己的工作方式

教师在追求自我审美人格建构中，会把读书变成自己的工作方式，使自己成为一个耐心的、能够坚持的学习者。使自己回到一个读书人和教育研究者的立场。人是规定来学习的动物。作为一个教师，更是要不断地阅读、不断地成长。当教师走进书的时候，其既有的经验就会被激活，且不断生成教育的理解力和判断力；教师在追求自我审美人格建构中会使自我逐渐摆脱被动教育教学活动的局面，激发自身的工作热情，形成一种研究型工作方式，使自己处于一种研究的心理准备状态，能够从研究的角度，以研究者的眼光来发现、分析、思考和解决工作中的问题，把每一项工作都作为研究对象，并从中提取有价值的东西。同时在共同且明确的工作目标指导下，教师团队成员间形成认同感、团队文化，团队成员具有自主意识，共同探讨来自实践中的问题。另外，现如今有了网络这个极为便利的工具，教师也可以把它变为自己的生命行为和工作方式，这种生命行为和工作方式是一种提醒自己改变自己的力量。叶澜教授说，一个老师如果能够三年坚持不断地写教育反思，就能够成为一位名师。因为这样的老师是一个有文化自觉的真正的教师，而不是一个"偶然的"教师。

教师审美人格建构意味着教师形成了一种新的生活与存在方式

教师在自我审美人格建构中也会不断生成自己的生活方式。首先，形成一种亲近自然的生活方式。自然是人向往中的心灵净土。人的生命源于自然，最终也会回归自然；与自然浑然一体，没有了雕琢的痕迹，没有了功利虚名的压力，徜徉于自然，融化于天地，物我两忘。最原初的"本我"，不可遏制地奔涌而出，洗尽尘世的铅华。著名歌手弗·拉卡斯特说："每当我心情沮丧、抑郁时，我便去从事园林劳作，在与那些花草林木的接触中，我的不快之感也烟消云散了。"当人与自然为伍时，身心才会获得安顿，找回真我。其次，形成一种有趣味、爱美、好玩的生活方式。教师生活是平凡的，琐碎的，宁静的。但是，充满情趣的教师会在平凡而琐碎的生活中发现快乐、体验快乐、享受快乐，成为拥有幸福感的教师。教师还要成为一个爱美的人，然后要成为一个好玩的人。爱美是指他的审美力，好玩是指他的童心。再次，教师在生活中应成为一个对世道有补的人。所谓对世道有补，就是让孩子在童年的时候，更多地感受到世界的美好，让孩子相信美好是主流，能够抵御不好，并能积极地去改变不好的东西。最后，教师在生活中应成为一个和自己的时代保持张力的建设者。什么叫保持张力？就是有一种审视的态度、有一种批判的态度和保持自己判断力的态度。也就是不轻易盲从，不轻易认同，不轻易妥协。我有我的价值观，我有我的判断力。

钱穆的生存之道

钱穆的"延寿情结"与矢志苦学之间如何协调？按通常理解，二者显然捍格。在他的忆述文字中语及师友之外着墨最多的便是"出游"，即对大自然的挚爱。看来，答案就在其中。他常年生活乡间，"野"趣盎然，既好文史，更移情山川，追慕太史公遍历名山大川之雅，游兴甚浓。他任教集美学校，常到海滩游，观潮涨潮落，心旷神怡；在北大主讲通史，必到近侧的太庙备课，在古柏旁草坪上，"或漫步，或僵卧，发思古幽情。"在古都北平期间，他先后四次远游，登临东西名山，游历南北古迹，即使战火纷飞的南行途中，仍不忘游览南岳诸峰，领略桂林山水，兴致分毫不减。其后在遵义讲学，更喜此处风景，阳春时节，遍山红绿，草地花茵之上，听溪水喧闹，观群燕翔天，竟致"流连不忍去"；及至无锡江南大学，午后闲暇，一人泛舟太湖之上，水天一色，幽闲无极，自感得人生至趣。当年钱穆的学生不无慨叹：原以为先生必终日埋首书斋，不意好游更为我辈所不及，始识先生生活之另一面。钱氏尝称："读书当一意在书，游山水当一意在山水，乘兴所至，心无旁及，读书游山，用功皆在一心。"

——张晓唯.旧时的大学和学人.中国工人出版社，2006.

《中庸》中有一段话"唯天下至诚为能尽其性。能尽其性，则能尽人之性。能尽人之性，则能尽物之性。能尽物之性，则可以赞天地之化育。可以赞天地之化育，则可以与天地参矣。"只有天下最真诚的人、心体之诚能够发挥到极致的人，才能够完全发挥出自己的天赋本性，从而完成自己生而为人的天赋使命。能充分发挥他自身的本性就能充分发挥众人的本性；能充分发挥众人的本性，就能充分发挥万物的本性；能充分发挥万物的本性，就可以帮助天地培育生命；能帮助天地培育生命，就可以与天地并列为三了。教育在于实现人类客观与主观文化之间、主观与主观文化之间以及个体内部感性、理性与行为文化之间的有机协调，这就需要教师既要尊重外在事物发展的客观规律又要尊重人内在主观精神；既能入于书，又能出于书，在人类客观文化与自我主观文化之间灵活转化；教师要能够具有尊重个体文化多样性兼收并蓄的包容精神及厚德载物的博大精深；教师应能够顺应学生多元文化需求及对文本的多元化解读，促进学生与文本主体对话，帮助学生抵达有教学价值的意义空白或意义未定的基础结构，使教学内容在文本与学生的主观精神之间、在历史——现实——未来之间、在各门学科知识之间、在理论的科学世界与实践的生活世界之间自由地穿行。而只有作为具有尽可能丰富的联系和属性的主体才能从系统的、整体的、全面的角度去从事认识世界的活动，才能有能力实现文化之间的能量互动，进而实现教育最终的目的——人与社会的共生共荣。教师审美人格建构本质上是教师回归生命之本真状态，在实践中自觉追求逻辑理性与道德情感，人生信念与实践行为和谐统一，使教师能够成为自由的、有创造性的、实践存在着的人，恢复教师自我生命及生活的完整，进而实现教师自身的幸福。

以人格化育人格：教师审美人格与学生审美人格建构的关系 ╱

子路、曾皙、冉有、公西华侍坐

子曰："以吾一日长乎尔，毋吾以也。居则曰：'不吾知也！'如或知尔，则何以哉？"

子路率尔而对曰："千乘之国，摄乎大国之间，加之以师旅，因之以饥馑；由也为之，比及三年，可使有勇，且知方也。"

夫子哂之。

"求，尔何如？"

对曰:"方六七十,如五六十,求也为之,比及三年,可使足民。如其礼乐,以俟君子。"

"赤,尔何如?"

对曰:"非曰能之,愿学焉。宗庙之事,如会同,端章甫,愿为小相焉。"

"点,尔何如?"

鼓瑟希,铿尔,舍瑟而作,对曰:"异乎三子者之撰。"

子曰:"何伤乎?亦各言其志也。"

曰:"莫春者,春服既成,冠者五六人,童子六七人,浴乎沂,风乎舞雩,咏而归。"

夫子喟然叹曰:"吾与点也。

——选自《论语·先进》

以上是孔子与其弟子关于治理国家问题的探讨。理想的治国模式实际也是理想的教育模式。孔子赞同曾皙治国理论,原因在于曾皙他能将政治和道德的两种理想熔为一炉,全无子路"率尔而对"的急遽促迫,也不似冉有、公西华的拘束逡巡,这是审美境界的传神写照,个体生存成为一种艺术化生命历程。传统儒家认为,理想社群("外王")只有在理想人格("内圣")的基础上才能生成。由内圣到外王是一个从个体修养到社群生活逐渐推广的过程,靠的是"化"——理想人格的感化和六艺之学的教化,借此实现社群生活向和谐状态转化。"冠者五六人,童子六七人",于春风骀荡之中,让生命尽情舒展,彼此之间相互感应,互相融契,实现人际交往的和谐,共同完成生命的创造性发展与转化,社群生活由此也走向审美化。这说明在政治治理中应该是民众决定谁是执政者,告诉执政者如何作为,而不是夺权者自封自己为执政者,并教导老百姓如何作为。政府是为民众打工的,而不是民众的正常生活的闯入者。按照天道来行事的政府才是有道的政府。只有这样才可实现天道、政府与民众的"大一统"。教育也是如此。

理想的教育实际在于教师主动追求与"天道"相合,那是一种"教育无痕"之境界。

教师审美人格:达于"教育无痕"之至高境界的根本途径

教育家苏霍姆林斯基说过,"在青少年教育中产生困难的最主要的原因,就在于教育行为以赤裸裸的方式出现在他们面前,而人在这种年龄段从本性上就不愿意被他人教育。"教师自身以"真"、"善"、"美"的使者形象出现于学生面前时,学生才会信服,才会效仿,才会激发起他们发自内心的对"真"、"善"、"美"的追求。"桃李不言,下自成蹊",教师应把精力放在完善自我上,人生的许多哲理,只可意会,不可言传,正如教育家苏霍姆林斯基说过:"教育是人和人的心灵上最微妙的接触。"只有具有理想审美人格的教师才可达于"不教"而教的理想教育意境。

首先,教师审美人格对学生具有示范作用。有人说:"教师个人的示范,对于青年人的心灵,是任何东西都不可能代替的最有用的阳光。"教师必须有美的心灵,这是教师人格魅力中最核心最有价值的部分。教师的心灵美最核心、最有价值的应该是对真、善、美的理智而忠贞且恒久的追求。教师要在政治思想、个人品德、价值观念、行为习惯等方面,为学生树立榜样,要求学生做到的,自己首先要做到,要知行统一。教师是用自己的思想、学识和言行,通过榜样示范的方式直接影响学生。而学生又都具有"向师性"和"模仿性"的特点。与学生朝夕相处、教书育人的老师自然是学生模仿和学习的对象,教师光明磊落、纯洁高尚的道德人格对学生来说无疑具有显著的示范作用。亲其师才能信其道,教师的人格魅力会使学生因为喜欢一位老师而喜欢一门功课,一个被学生喜欢的教师,其教育效果总是超出一般教师。学高为师,身正为范,榜样的力量是无穷的。教师人格魅力的示范作用是不言而喻的。

最后一课   法·都德〔节选〕

我的心稍微平静了一点儿,我才注意到,我们的老师今天穿上了他那件挺漂亮的绿色礼服，打着皱边的领结，戴着那顶绣边的小黑丝帽。这套衣帽，他只在督学来视察或者发奖的日子才穿戴。

韩麦尔先生说："亡了国当了奴隶的人民，只要牢牢记住他们的语言，就好像拿着一把打开监狱大门的钥匙。"

"忽然教堂的钟敲了十二下，祈祷的钟声也响了。窗外又传来普鲁士兵的号声——他们已经收操了。韩麦尔先生站起来，脸色惨白，我觉得他从来没这么高大。"

韩麦尔先生"使出全身的力量，写了两个大字：'法兰西万岁！'写完之后，他呆在那，头靠着墙壁，话也不说。"

其次，教师审美人格对学生具有激励作用。教师虔诚的敬业态度以及为达到教育目标而表现出来的强烈责任心，本身就是激励学生积极进取、奋发开拓的无声召唤，是激励学生的一种手段、一种动力，它能有效地利用学生的心理倾向，激发学生身上潜在的积极因素，使其朝着期望的目标前进。这种因师生日常相处而对学生的心灵所显示出来的无形的"感动"和"震撼"作用，比课堂上人生观教育所运用的语言更富有魅力。尊重和热爱学生是教师职业道德的核心，具有人格魅力的教师无一不是信任、尊重和热爱学生的。这样的老师能让其尊重、理解、关怀、信任如阳光一样照耀在每一位学生的身上，使学生倍感亲切和温暖，从而产生心灵的和谐共振，学生自然会产生"士为知己者死"的心理效应。这样就会牢固树立起教师在学生心目中的"精神父母"高尚而可亲的形象，学生自然会自愿接受约束，不断增强自我教育、自我修养的主动性和自觉性，从而促进学生的自我发展、自我提高。

藤野先生 鲁迅

"我总时时记起他，在我所认为我师的之中，他是最使我感激，给我鼓励的一个。有时我常常想：他的对于我的热心的希望，不倦的教诲，小而言之，是为中国，就是希望中国有新的医学；大而言之，是为学术，就是希望新的医学传到中国去。他的性格，在我的眼里和心里是伟大的，虽然他的姓名并不为许多人所知道。"

"只有他的照相至今还挂在我北京寓居的东墙上，书桌对面。每当夜间疲倦，正想偷懒时，仰面在灯光中瞥见他黑瘦的面貌，似乎正要说出抑扬顿挫的话来，便使我忽又良心发现，而且增加勇气了，于是点上一枝烟，再继续写些为"正人君子"之流所深恶痛疾的文字。"

——选自《朝花夕拾》（《鲁迅全集》第2卷，人民出版社1981年版）

最后，教师审美人格对学生具有熏陶作用。孔子说："与善人居，如入芝兰之室，久而不闻其香，即与之化矣。"因此教师理想人格所形成的人格魅力是一名优秀教师所要永远追求的修养与修为。然而教师的人格魅力不是天生就有的，它是在教师长期的职业生涯中，通过社会各方面的影响和个人反复的磨炼，通过不断的理论学习和实践锻炼才形成的。教育无痕，却彰显出教育的最高境。似雪落春泥，悄然入土，孕育和滋润着生命。虽无痕，却有声有色；虽无痕，却有滋有味；虽无痕，却如歌如乐，如诗如画。教育的最大技巧是无技巧，是能通过自然而巧妙的引导，达到最优的效果。妙到不露痕迹，是"随风潜入夜，润物细无声"的。有位教育家说过："当孩子意识到你是在教育他的时候，教育也就失去了其应有的魅力。"而无痕的教育，如醇酒，"著物物不知"，却无声胜有声。在教育中要达到春风化雨、润物无声的效果，仅仅靠语言等技巧性训练是远远不够的，眼神的传递、微笑的赞许、体态的鼓励等富有艺术性的策略往往起到点睛的作用，更重要的是要有深厚的人文素养积淀，唤醒和培植孩子心中的美好人性，关注和挖掘孩子们的潜质。

教师审美人格对于学生的化育方式

经师易得，人师难求。具有审美人格的教师是以其高尚的人格塑造学生的人格的人师，对学生心灵的影响深刻且久远。他本身就是一部非常生动、丰富、深刻的活生生的教科书，一个具有巨大教育力量的榜样。人师能在教学实践中用自己高尚的思想品格熏陶感染学生的思想品格，用自己的智慧启迪学生的智慧，用自己的情感激发学生的情感，用自己的意志调节学生的意志，用自己的个性影响学生的个性，用自己的心灵呼应学生的心灵，用自己的灵魂铸造学生的灵魂，用自己的人格塑造学生的人格。人师的教学已经进入最高的境界——不教之教。不教之教就其内容而言，教的不是书本里现成的事实知识，而是无法物化在书本中的一种人生智慧。人生智慧是一种心灵的彻悟，是一种有美感体验的豁然洞见。学生一旦获得了人生智慧，其对学问和人生就会有一种全新的感受和深层的把握，生存境界就会更加崇高。相对而言，事实知识是"硬性"的，人生智慧是"软性"的，这种软性的东西无法通过言传口授、耳提面命，更无法"手把手"教出来。不教之教的最大特点是返璞归真，它没有明确的教育组织、没有明确的教学环节，它抽象不出一种大家都能效仿的普遍的模式。笔者以为，教师审美人格对于学生的化育可通过以下方式来进行和实现：

以身作则　人师本身就是一部活的教科书，一个是学生心目中最完美的偶像。人师榜样具有巨大的教育力量，这种教育力量是以直觉的、形象的、具体的形式非常自然地作用于学生，使学生在不知不觉中受到潜移默化的陶冶。教师的"身"和"则"就是他的人格，人格客观地呈现于学生，它就是"榜样"，是存在的事实，不以教师主观愿望的"作"与"不作"为转移。孔子说："其身正，不令而行，其身不正，虽令不从"，即深刻地说明了这个道理。因此，教师以身作则是教育有效性的重要保证。

教师以身作则的必然性和必要性。教师人格是存在的事实，它的客观性决定了教师以身作则的必然性。无论教师教什么，如何教，无论教师以什么来要求学生，怎样要求，他都没有办法把主体自我的人格同它们分隔开来。教师的人格是示范性人格，它作为教师施教活动的有机的组成部分存在着，并且发挥着示范作用。教师言行一致，言教与身教统一，对学生的影响就会一致、统一，反之，他展示给学生的"榜样"也就不统一，或者说是扭曲的人格。

教师职业之所以是太阳底下最高尚的职业，正在于师为人之模范的道理。苏联有人称教师职业为"天职"，有人称教师职业为"圣职"，都与这种判断相联系。一位班主任总结他的教育经验时认为：教育的全部奥秘就在于懂得爱学生，教育深刻的影响应在于教师以身作则的人格。苏霍姆林斯基说："儿童的心灵是敏感的，它是为着接受一切好的东西而敞开的。如果教师诱导儿童学习好榜样，鼓励仿效一切好的行为，那么，儿童身上的所有缺点就会没有痛苦创伤地、不觉难受地逐渐消失。"在培养学生良好品格的过程中，教师要千方百计地向学生展示良好高尚的人格画面、人物形象，以期学生见贤思齐，效仿榜样。

教师以身作则的主体价值。以身作则的教师是懂得自尊自爱的教师。其实人人都有言行是否一致的品德问题，君子以"言过其行"为耻，以"行不言之教"为高，"桃李不言，下自成蹊"说的就是这种品德。品德行为固然会为他人谋利益，而品德行为主体却同时获得自我人格的提升，教师的社会角色使他占有了这样的主观条件。人们对教师的严格审视同时也是高尚的期待，这正是为人师者提升自我人格的土壤。就此可以认为，教师如果不能以身作则为学生树立楷模，是不自尊自爱的自我贬弃的行为；而以身作则，会满足教师主体的人格需要，是主体道德价值的需要。以身作则的教师是自我实现的教师。如果我们不再只是以奉献来论教师，就不难发现，教师要在事事处处为学生建树榜样时，会给自己拓展出怎样的主体发展空间。在这个空间里，教师不仅要有修养高尚的道德，还要孜孜不倦地钻研学问，而且，他比任何其他社会职业劳动者都要更敏感地紧跟社会文化科技发展的形势，接受继续教育、坚持终身学习。这岂止仅是为了他人，为了社会责任? 这同时就是教师主体自我的尊严感受所必需, 是自我实现。

美国校长爬着去上班

1998年11月9日, 美国犹他州土尔市有一个小学校长路克, 竟从家里爬行到学校上班。

原来, 这学期初, 为激励全校师生的读书热情, 路克竟然在全校师生的集会上公开打赌: 如果你们在11月9日前读书15万页, 我在9日那天爬行着去上班。路克此言一出, 立刻轰动全校。所有师生猛劲读书, 连幼稚园大一点的孩子也参加了读书活动, 终于在11月9日前读完了15万页书。有的学生打电话给校长: "你爬不爬, 说话算不算数?" 有的老师劝路克: "你已经达到了激励学生读书的目的, 不用爬了。" 可路克说: "一诺千金, 我一定要爬着去上班。" 于是, 路克7点离开家门, 开始了爬行。为了不影响交通, 于是在路边草地上爬。过往的汽车向他鸣笛致敬, 有的学生跟着一起爬。经过3小时, 磨破5副手套, 他终于爬到了学校。全校师生夹道欢迎, 孩子们蜂拥而上, 拥抱他, 吻他……

——http://www.52fdw.com/Article/ShowArticle.asp?ArticleID=3255

交流对话　教育是心灵的艺术, 只有走进学生的内心, 教育才能真正发挥作用, 教育不是建立在训诫和惩罚的基础上, 而是存在于老师与学生心灵的最深处! 学习不是教师向学生传递知识信息、学习者被动地吸收的过程, 而是学习者自己主动地建构知识意义的过程。在交流教学中, 教师通过有效的课堂提问, 交流对话, 了解学生对知识的真确理解和掌握情况, 并根据课堂实际情况向学生提供问题, 让学生从各个角度去探讨, 学生在探讨交流互动中不断对自己思考再认识, 在解决问题的过程中逐渐提高思维能力。

对话不仅仅是教学信息的双向交流, 不能简单理解为教学情况的及时反馈, 它还有更深层次的内容, 有其自身的存在价值与意义。它是一个意义生成的过程, 对话本身的发展就应带动师生双方精神的发展。对话的过程就是思想、真理、意义、情感潜移默化的过程，使一个人的精神发展变革的过程。教师应创设"共享式"对话情境教学——"面对美味食物，师生共同进餐，一道品尝；而且一边吃一边聊各自的感受，共同分享大快朵颐的乐趣。在共享的过程中，教师当然会以自己的行为感染带动学生，但更多的，是和学生平等地享用同时又平等地交流：他不强迫学生和自己保持同一的口味，允许学生对各种佳肴做出自己的评价。要让对话发挥更有效的作用，我们要轻结论，重对话的过程，面对各不相同的感悟、理解，教师不必强行统一，要鼓励学生通过对话，继续深入进行探究。我们不必拘泥于原来设定的程式，教师应不惜为卓有成效的对话付出大量的教学时间，虽然通过对话也可能得不出什么结论，但却换来了学生心态的开放、主体的凸现、个性的张扬、创造性的释放，这才是全新的"对话"。

"共享式"对话应满足以下三个条件：第一，创设宽松的对话氛围。人师从不以教者自居，而总是以一个参与者的身份和学生进行平等的对话。在对话中，师与生处于平等地位，教师能够克制自己以教育者、引路人、父兄、上级的个人中心主义的想法和做法，善于心理换位，设身处地为学生着想，与学生打成一片。第二，人师善于捕捉思维碰撞的瞬间，引领学生积极对话。当学生进行积极思维状态时教师才适时地诱导、引发，帮助学生打开知识的大门，端正思维的方向，达到举一隅以三隅反的目的。第三，人师注重对话过程中的思考。有效的对话应具有建构意义，强调着眼于学生的"思"，强调为学生搭设思维的跳板，让他们向更高、更远的层面飞跃，并较好地展现课堂中教与学、疏与密、缓与急、动与静、轻与重的相互关系，让课堂波澜迭起、抑扬有致，多元呈现。

孔子与子夏的对话

子夏问曰："'巧笑倩兮，美目盼兮，素以为绚兮'。何谓也？"子曰："绘事后素。"曰：

"礼后乎？"子曰："起予者商也，始可与言《诗》已矣！"

——节选自《论语·学而》

解释：子夏请教说，笑眯眯的脸真好看，滴溜溜的眼真漂亮，白色的衣服就已经光彩耀目了，这句诗是什么意思呢？孔子说，绘画时最后才上白色。子夏接着说，那么，礼是不是后才产生的？孔子说，能够带给启发的是商呀，现在可以与你谈《诗经》了。

由以上孔子与子夏的对话可以看到孔子与学生之间的交流对话具有以下特点：了解学生，指向鲜明；营造氛围，激励学生；坦诚谦虚，人格感染；生动得体，易于接受。

自我教育　对于一个教师来说，反思是促进其人格成长的重要途径。"教师的自我反思是指教师对各种教育观念、言论、教育方法、教育活动、教育事实和教育现象进行的自主判别和认真审视，特别是对自己的教学实践进行检视和反省。"[1]从教师的角度来说，教育学生的过程也是教师自我教育的过程。因为教化心灵的职业对自己心灵的教化具有反弹之力，开凿"知泉"的工程对自己"知泉"的开凿具有渗透之功。从学生的角度来说，学生是在自我教育过程中接受教师的教育，正因为有其自我教育作基础，教师的教育才是高层次、高水平的，从而有力地促进学生的发展。这便是真正意义上的"教学相长"。同时，教师在自我反思、自我教育的过程中，敢于承认自己的错误，这本身是对学生的一种无言的行为教育。这不仅可以使教师取得良好的教育效果，使教师在教育过程中得到历练，更重要的是使自己的威信得到了提高。

著名教育家加里宁曾说过："教师的世界观，他的品行，他的生活，他对每一现象的态度都这样或那样地影响着全体学生。"不管教师自觉不自觉，情愿不情愿，对学生的影响是非常大的，比如教师如果做几年班主任，他的有些学生走路、说话、写字都

[1]　肖川《教育的理想与信念》第104页，岳麓书社2002年6月版.

有班主任的影子，这就是"随风潜入夜，润物细无声"的结果。教师人格的点滴无不影响学生成长、成人、成才。《论语·子路》中说："其身正，不令而行；其身不正，虽令不从。"所以，教师要不断完善自我人格，提升精神品位，只有这样，我们才能树立起在学生心目中的"象征意义"的偶像，真正成为学生真、善、美的好榜样。

学会自我批评，树教师威信

那是开学近一个月后的一天上午，我连续上了三节课，回到办公室时已是口干舌燥、喉内生烟，而班上一位同学在下课之后仍向我频频发问。我强忍住内心的烦躁再三解释，但这位同学仍然表示不懂。最后，我再也按捺不住心中的怒火，狠狠地将他骂了一顿。骂完后，心中虽然不畅快，但也觉得无伤大雅。晚上，回到家中偶然想听听音乐，竟听见了自己的声音。原来白天骂学生的一字一句全被我当时正在调试的录音机录了下来。当时心境早已平复，白天的不愉快已差不多忘却，乍一听到自己当时粗暴的话语和高八度的声音竟是那般刺耳，顿时自觉汗颜，一种揪心的歉疚与忐忑不安的情绪降落在我的心头。整个晚上我没有心思做任何事，躺在床上，辗转反侧，久未成眠。

第二天一早，心神不定的我挂电话给我的老班主任——一位已有三十年教龄的老师，说有一件小事向她讨教应对之法。老师在耐心听完我的叙述后，严肃地说："这不是一件小事，如果你将它看成一件小事的话，说明你对教师这个职业的认识和对学生的态度还存在问题。你忘了即使是一个最顽劣、最不堪教化的学生你也应该尊重他独立的人格。"说到最后，老师竟然告诉我这样一个方法——向全班学生公开道歉。虽然我承认我的过错，内心也有着强烈的自责，但向学生道歉却无论如何也干不了，这让我太难堪了。一个为人师表以教育学生为已任的教师，居然要向学生认错，角色反差之大让人无法忍心，以后威风扫地，还如何带班呀！我踌躇了很久。

下午班会课，我硬着头皮抱着试试看的心理向全班同学作了自我批评，并向那一位同学表示歉意。没有想到这一举动产生了始料不及的效果，同学们不但没有看我的笑话，相反还为我的真诚所感动。我作了三分钟的自我批评，却赢得了同学们长达一分钟的热烈掌声。

课后，同学们干劲儿更足了，在学习上争先恐后，有疑必问，在班级工作上更是积极配合，踏实肯干，全班上下好像拧成了结实坚韧的一股绳，更令人高兴的是，我在同学中的威信不但没有降低，相反却得到同学们更多地信任和支持，他们把我当成了可以信赖的朋友。

—— http://blog.sina.com.cn/s/blog_447afd5d0100aoby.html

/ 教师审美人格的养成策略

美国人格心理学家米德 (G. H. Mead) 在20世纪初就用"主我"与"客我"两个概念来描述人格的两个侧面，作为主客我关系之维理想状态的教师审美人格强调教师在主客我关系的调节中保持适度的张力，实现合"主我"目的性与合"客我"规律性的辩证统一，它能够使教师在实践中自觉追求逻辑理性与道德情感，人生信念与实践行为和谐统一的完整教育，使自己回归生命之本真状态，成为自由的、有创造性的、实践存在着的人，进而实现对自我和谐关系之网的良好把握，实现自身的幸福。

然而，一直以来由于过于强调通过外在的刚性制度对教师职业发展的要求，而忽视了对教师作为一个人的整体生命存在需要的人文关怀，由此导致教师人格出现异化的扭曲与偏向。导致教师"客我"生存与"主我"存在之间的激烈矛盾冲突，教师关注了外在的"客我"，忽略了自身的"主我"。比如，当前教师在名目繁多的功利诱惑和步步紧逼的考评压力下，以"利益驱动"代替了"生命驱动"，以"制度驱动"代替了"自主驱动"，教师只是为了生存而被迫完成教学任务，只是为了职称评定、提升自身地位而被迫进行科研写作，教师所谓的客观劳动成果成为游离于其生命之外的东西，成了压制其"主我"内在创造性的异化物；

55

教师在教学过程中表现为按部就班地完成知识的复制和转移，而无视意义的拓展和价值的衍生，无视思维的激活和情感的点燃；充满无限活力的教学过程在教师眼里变成了日复一日重复式的机械劳作，在教学过程中教师因缺乏与学生互动式精神交流和在建构性实践活动中的共享性情感体验而使精神备受折磨，教师变成了异己的存在；师生关系本应具有非功利性与非强制性，是一种内涵丰富的责任关系，表现为教师采用发现、创设、播种、化育等人性化活动方式实现自我主体与学生生命主体的相互创造与提升，师生之间相互理解、肯定接纳进而达成视界融合，或者表现为师生之间认同中的质疑、趋近中的批判、融合中的反思。师生将交往变成了人与人之间纯粹的社会角色的外在联系，变成了不以自我个性特征为转移纯粹的结构性关系。

教师审美人格的养成过程，体现了教师自然性、社会性与精神性的整体和谐，它体现了教师的自主精神，它既不是天性的自然成长，也不单纯是外在环境的模塑结果，它是在内外因素共同作用下建构生成的。因此，重构教师审美人格仅仅凭借教师自我约束本身是远远不够的，它涉及社会、学校与个人三个层面因素的综合作用。

教师审美人格的社会生活方式的养成策略

生活方式是指由生产方式决定的并为社会制度、生活观念等因素所制约的人们消费物质生活资料和精神产品的方式。生活方式作为人的物质生活与精神生活的体现，表现着人们一定的生活态度、生活信念和价值观念，直接影响着人们的思维方式、行为样式和审美价值取向，对于人的精神境界的建构具有直接影响。人总是生活在一定的世界中，并接受世界的改造。个体有怎样的生活方式，也就有怎样的生活境遇，有着怎样的生活境遇，就会建构怎样的人格模式。一定的生活方式一旦形成便具有稳定性，就会通过历史地沉淀，转化为社会文化与风俗习惯，支配和影响着人的思想和行为方式，对人的人格与精神境界的建构施加重要影响。在社会发展过程中，生活方式的进步与否，直接规定着主体所具有的精神境界的高低，对人的生活境界建构具有直接性。人的社会生活方式主要由生产方式所决定。根据生产力的发展，可以把人类社会的发展划分为四个阶段，即远古社会阶段、农业社会阶段、工业社会阶段、信息社会阶段。与此相应，人类社会也将经历四种生活方式的演变，即由远古社会生活方式、农业社会生活方式、工业社会生活方式到信息社会生活方式。进入新世纪，中国社会却面临着由农业社会向工业社会和信息社会转型的双重历史重任。当前生产方式的现代化必然伴之人的生活方式的现代化，这表明生活方式作为人们生活的一定方式是丰富多彩的，但同时也影响着不同个体的生活态度、生活信念和行为样式。审美的新型生活方式具有一定特征，其建构也必须坚持合理的原则才能保证实现。

新型审美型生活方式的特征 ／

审美的新型生活方式应是一个节俭与生活品质追求和谐统一型的现代生活方式，是一种绿色环保的生活方式，其具体内涵如下。

第一，注重物质生活和精神生活的平衡。社会主义的本质要求，是要促进人的全面发展，即既要追求物质上的满足，也需要精神和文化修养的提高。21世纪的人类生活方式将发生一种质的更新，人们将作出极大的努力，寻求一种在本质上更能使物质生活和精神生活处理得比较和谐、平衡的生活方式。在我国，从传统农业社会向现代工业社会文明转变时，发达国家已经开始对现代性进行批判，因而我国可以从发达国家对现代性的批判中选择生活方式发展战略，努力避开西方社会走过的物质发达了，人性却堕落了的老路，克服经济发展过程中可能出现的消极后果。精神和物质的协调，就如猛虎和绳子的关系一样, 欲望过度强盛, 就会失控, 而人内心的精神修养就如绳子一样, 可以很好束缚驾驭着猛虎, 让它驯服在你的脚下。所以, 教师在自身日常生活中, 保持内心的洁净, 谦虚和上进, 把握好欲望, 这样才能有更清晰的思维, 更正确的方向, 更理性的支配, 自然也就可能帮助你获取更多物质, 却又不会因此而娇纵自己, 也不会因此而犯错误, 就可以保持恒久, 幸福快乐。

第二, 生态型生活方式。生态型生活方式实则是一种审美型生活方式。它追求人与自然、人与社会、人自身全面、和谐、可持续发展。目前, 世界绝大多数国家追求的是以"高消费、高浪费"为主要特征的工业社会生活方式, 中国作为一个发展中国家也不例外。面对有增无减的资源短缺、生态破坏等问题, 人类不得不反思自己的行为, 重新确立发展模式。20世纪90年代开始, 各国开始把"可持续发展"摆在重要位置, 追求环境、资源、人口、经济和社会的协调发展。可持续发展内在地要求节制物质需求, 坚持需求与发展的全面性, 建立一种新的生活方式。因此, 改变工业社会的生活方式是可持续发展的题中应有之义。生态生活方式的建立, 首先要求我们转变物质化的生活价值观念, 确立生态生活价值取向, 它是对科技理性主导下的工业文明工具主义价值观反思的意识觉醒与超越, 它强调教育满足人——自然——社会的生态平等、和谐共生的发展需要, 实现"个体价值、自然价值和社会价值"三重价值向度的整体性建构; 其次, 要求我们从自身做起, 从小事做起, 将生态观念落实到自身日常生活的方方面面。从生态审美化的性质来看, 日常生活生态审美化具有两种类型。一种是表层的感官审美类型, 简称为快感型。当下的日常生活审美化, 审美充当了商品生产与消费的包装, 实际上是日常生活审美形式化; 另一种是深层的意境审美类型, 简称为意境型。教师应追求合乎生态规律的深层的日常生活审美化。

第三, 具有健康第一的生活观念。21世纪人类的健康将受到各种时髦病、工业性污染疾病、流行性疾病的威胁。在社会竞争日益激烈的形势下,为健康而消费的人越来越多,自我调理预防疾病的意识在增强。人们开始注重自身营养结构的搭配,保健观念从有病就医为向无病预防为主的观念转变,这也是步入文明社会的方向。教师要多注意自身身心健康, 愉快地接受自己的职业角色、保持良好的人际关系与积极乐观的情绪状态、独创性地开展教育教学活动; 积极进取、积极适应和改造教育环境; 正确地认识自我、评价自我。

第四,终身学习型生活方式。21世纪人类社会将进入信息社会, 即知识密集的社会。21世纪的文盲,不是不识字的人,而是不会学习的人。人类知识的更新速度越来越快,几乎每隔3年就要翻1次,像过去一次教育终身受益的时代不会再出现。要想获得好的职业和生计,必须通过有组织、有系统、有目标的不断教育。必须不断地更新自己的知识,教育、教育、再教育将是人的生活不可缺少的过程。教师作为专门从事人才培养的职业,比其他任何人更有必要成为终身学习的人。教师是教育的人力资源,也是教育的第一资源, 教师强则学生强, 教师强则教育强, 教师强则民族强。教书者必先强己, 育人者必先律己, 教师良好的素质并不是表现在一纸文凭上, 教师的学历不等于能力, 只有持久的学习力, 才能使教师的能力不断增长, 素质不断提高。只有教师学会读书, 才能教会学生学会读书; 只有教师的知识不断更新, 才能使学生的知识不断更新; 只有教师学会终身学习, 才能教会学生学会终身学习。教师的终身学习是构建学习型社会的前提和基础, 因此, 教师应该成为终身学习的实践者和楷模。

审美社会生活方式对人的审美人格建构的影响 ╱

生活方式作为物质生活和精神生活的集中体现,表现着人们一定的生活态度、生活信念和价值观念,直接影响人们的思维方式、行为样式与审美价值取向,对人的精神境界的建构具有直接影响。一定的生活方式一旦形成,就会通过历史的沉淀转化为社会文化和风俗习惯,具有历史继承性、社会稳定性,一定的生活方式通过社会文化和风俗习惯对人的精神境界的建构施加着重要的影响。在社会发展过程中,生活方式的进步与否,直接规定着主体所具有的精神境界的高低,对人的审美人格的生成具有巨大的影响。

对人的审美人格建构具有直接性　人总是生活在一定的世界中,并接受世界的改造。文化人类学家本尼迪克特指出:个体生命史首先是适应他的共同体世代相传的方式和标准。从他出世起,他出入其中的风俗习惯就塑造他的经验和行为。到他会讲话时,他已经成为他所属文化的小小创造物,到他长大并参加它的活动时,他所属文化的习惯就是他的习惯,他所属文化的信念就是他的信念,他所属文化的不可能就是他的不可能。也就是说,生活方式作为一个可感知的、现实的生活世界,它对人的生存发展以及理论意识的形成具有直接的影响,使个体所形成的理论和意识形式都要符合它的要求。

对人的审美人格建构具有无意识性　生活方式,特别是日常生活方式与政治经济活动不同,它是对人的影响最大而又最不受人注意的领域,尤其是对精神的影响。如家庭生活、风俗习惯、消费生活和休闲娱乐等,对人的影响可以说是随风潜入夜,润物细无声。在那里,感性与理性共存,欲望与理想同在,天天有善的东西发生,经常有恶的东西暴露。这些日常生活层面上的道德意识与道德行为多半与宗教信仰、生活习惯和礼仪风俗结合在一起,因而具有经常性、无意识性、相对稳定性和保守性等特征。人们对于日常道德意识与道德行为习以为常,并把它逐渐转化为某种习惯和倾向,而且通过大量日常生活活动内化于人们的深层文化心理,因而不自觉地限制着个体的道德意识与道德行为,不自觉地对人的生活境界建构起着制约作用。

对人的审美人格建构具有持久性 马克思曾认为,改变一种传统习惯,往往比推翻几个政权还难。所谓的传统习惯,都属于生活方式领域。人的日常生活是对人的发展影响最大、时间最长和意义最为深远的一个领域,因为生活消费是日常的,每日每时天天都要发生而且必然要发生的事情,是人们所说的天天常有、常见、常闻、常做的事情。正因为是人的生活不可缺少的事情,所以天天都必然重复发生。生活方式的重复性使主体同质化、平面化、潮流化,因此,各种所谓的"迷糊族"产生了。生活个体对一切无动于衷、情感冷漠,有时表现为对潮流响应的疯狂,这样的结果,是因为对日常生活方式的未反思、未批判、未分化,生活方式的重复性所致。重复性的生活方式使人误以为他所具有的生活境界的本然性,而不能自觉地对其进行反思、批判和变革。

建构现代审美型社会生活方式的基本原则与基本策略 ╱

建构现代审美型社会生活方式的基本原则

首先,坚持社会主义为生活方式转型的基本方向。社会主义是以公有制为基础的,生产的目的是为了最大限度地满足人民物质、文化生活的需要,因而使我国人民能有共同的政治、经济和社会理想,有着共同的道德标准。

其次,坚持现代化为生活方式转型的基本目标。实现现代化,这是中华民族在当代世界生存发展的根本保证,是压倒一切的时代主题,是统帅一切的总体目标。离开了现代化,就离开了世界文明发展轨道。

再次,坚持改革开放为生活方式转型的基本途径。推进生活方式转变,当务之急是不失时机地推进重要领域和关键环节改革,加快完善社会主义市场经济与政治体制改革,从单纯追求数量的扩张转变为注重发展质量与效益的提升,从粗放型发展方式向内涵式发展方式转变,使经济与社会发展真正走上稳定、协调、高效和可持续的科学发展轨道。

最后,坚持文化传统特色新型生活方式转型的基本依托。现代生活方式的建立应以我国的传统生活方式为基点,否则,现代生活方式也就成了无源之水,无本之木。所有那些体现中华民族个性和传统美德的文化积累,在今天仍然具有或经过重新诠释后具有积极意义,是应该成为现代生活方式继承的养料。

建构现代审美型社会生活方式的基本策略

现代审美型生活方式的建构,是一个极其复杂艰苦的系统工程。

首先,提升民众的生活品位。生活方式归根到底是个人的生活方式,个人对生活意义的态度、理解与把握。在我国当今民众日常生活中充斥着不好说、说不清、跟着感觉走等流行性话语;人生信仰和目标迷惘、困惑;权本位、钱本位、关系本位严重压抑人的主体的积极性和创造性的发挥,重建新型日常生活方式迫切需要改变这些品位。因为只有人的个性真正得到丰富发展,真正意义上的生活方式才有确立的可能。为此,应清醒地意识到市场经济是一把双刃剑,它有美好的一面,也必然会产生破坏生活方式的平衡、削弱生活方式的和谐等负面影响。在这种情况下,个人要掌握生活方式的主动权,不断进行自我的心理调适,把握生活方式从平衡、不平衡到更高层次平衡的变化发展,不断提高自己的生活品位,提高自我品格的修养文化艺术的修养。这有助于增加生活的幸福感和满意度。

其次,培育与市场经济相适应的价值观。树立与市场经济相适应的价值观念包括自由理念和秩序创新、契约精神与社会自治、权利本位与个体自主等。使人建立和发展起与市场经济相适应的价值观念和价值取向。同时在生活方式的制度方面坚持制度创新,如培育和发挥竞争性激励机制;努力培植具有激发与整合功能的社会生活机制等。这些是建立具有时代性与民族性、传统性与现代性相结合的新型现代化生活方式的关键。

再次, 发展文化教育事业。列宁说过,一个文盲充斥的国度是无法建立现代化的。而文化教育事业无论是对于满足人们精神生活的需要,培养社会主义新人,还是对于提高整个社会的思想文化水平,形成社会主义生活方式,都是其他部门所不能替代的。为此,要大力发展农村教、文、科、体事业。报刊、杂志要向小型化、通俗化发展,以满足不同层次人们的需要,大力发展广播电视事业,根据不同层次视听对象的需要,来制作广播电视节目,以提高人们的文化修养。

最后, 开展广泛的、群众性的业余文化活动。每一个人从小就生活在一定的文化环境中,受到这样或那样的文化的影响,逐渐形成自己的社会政治思想、道德素养,形成自己的价值观和由价值观所指导的生活目标、生活态度、生活方式。为此,要改变民众的生活方式,就必须搞好社区文化建设,并针对不同的对象,提供既含知识性又有趣味性的文化活动方式选择,使人民群众积极参加有益身心健康的文娱活动,寓思想政治教育、精神文明建设于文化活动之中。

总之, 生活方式是人的生活方式,是关于人怎样生活的主观意愿和价值选择。因而它一经形成便具有稳定性,支配和影响着人的思想和行为方式,也就是说,对社会生活主体起着强烈的反作用。在自然经济条件下人们形成的疏于交往、闭目塞听的生活方式,同对外开放、走向世界是格格不入的。工业化社会的大机器生产的生活方式使人的发展走向片面、畸形的境地。因此,变革旧的生活方式,构建新型生活方式,就成为时代赋予人们的使命。构建理想的审美型生活方式,其目的之维要求人们追求生活系统诸多要素的平衡,其手段之维则包括两个方面:一是促进既有生活方式在横向上稳定有序而充满生机,以及纵向上的符合时代发展的要求;二是弘扬海纳百川而又适时权变的精神气质,秉承以人为本而又尊重自然的生活原则去修复生活方式中的缺失元素。

/学校教师群体审美文化的养成策略/

文化与人格的关系 /

文化,指的是一个社群的社会继承,这种继承包括各种物质产品,如工具、武器、房屋以及再生产的场所等等,也包括各种精神产品,如符号、思想、信仰、审美情趣、价值、意识形态等各种系统,还包括一个民族在特定生活条件下以及代代相传的不断发展的各种活动中所创造的特殊行为方式和制度化的社会组织方式,如制度、集体、仪式和社会组织等。由此可知文化更可以划分为上述的三个层次,分别为物质文化、制度文化和精神文化。人格是指一个整体的精神面貌,是具有一定倾向性的和比较稳定的心理特征的总和。

文化塑造着人的人格,文化是集体人格,是一种集体人格的表现形态。弗洛伊德的学生荣格曾经讲过的一句话,"一切文化最终都沉淀为人格"。人的人格又规范与制约着文化的发展。校园文化建设与教师审美人格建构水乳交融,如何从更高层次审美引导的角度来反观校园文化建设,这是每一个校园文化建设组织者均应该思考的问题。学校文化是形成于学校内部的一种群体文化和组织文化,是学校物质文化、制度文化和精神文化的总和。学校文化来源于学校群体,是学校成员智慧、经验、精神作风的积淀和提炼;学校文化又融于学校群体,是学校成员学习、研究、教书、育人的规范和动力。充满诗意、充满魅力的学校文化能增强学校群体的向心力，激发教师个体的创造力，提升学校的整体战斗力。浸润在积极的诗意的学校文化氛围之中，每个个体的生活就会充满意义，生命就会充满活力。因而建构诗意的学校文化，应成为当代学校的一种追求。

审美异化：当前校园审美文化建设的背景 ∕

校园文化是师生在长期的教学、科研、社会服务实践中所继承、创造，以反映师生共同信念和追求，具有校园特色的一切物质成果、精神财富及其行为方式的总和。它既具有文化的内在规定性，又具有学校文化自身的规律性和独特性。审美本应是一个主体"以自我为向导"对客体的一个解读过程，是自我同客体间的直接的交流和对话。当前由于社会转型与不断加剧的教育变革使师生的生存悖论凸显，造成了师生审美"主体"与审美"客体"关系的疏离，使师生因为缺乏善意"主体自我"关注的热情在审美中对主客体关系的道德调节中出现了审美异化，具体体现在：

思想认识片面

许多学校在物质文化建设上舍得花钱，搞建筑、买设备、修道路、建广场、栽花植树，对这些外在的、收效快的项目，普遍比较重视；但对隐性的、潜在的精神文化建设积极性不高。校园文化反映一所学校的精神面貌。"冰冻三尺，非一日之寒"。如果不注意日积月累的养成，要形成良好的校风、学风是不可能的。有的学校平时对校园文化建设不闻不问，遇到上级部门检查便挂几条标语、拉几条横幅来应付。校园文化建设是一项长期的系统工程，不是几次活动、几场比赛就能解决问题的。有的学校把校园文化建设与学生思想政治工作等同起来，以为这只是思想政治工作人员的事，忽视了全体师生在校园文化建设中的作用；有的学校把校园文化建设看作教育活动的管理方法和管理手段，把校园文化建设附属于学生管理部门，限制了校园文化作用的发挥。

官僚文化色彩浓厚

校园文化的发展离不开政治，没有政治理论的指导，校园文化建设就会偏离正确的方向，校园文化建设所要达到的目的也无法实现；但是，在校园文化建设中过分强调官僚文化，将导致校园文化内容的单调、僵化和结构的畸形，最终阻碍校园文化的发展。中国几千年的传统文化的影响，使人们养成了唯书唯上的行为习惯，习惯于一种格调、一种声音，从而形成了官僚文化。现在中小学教育领导部门官僚化，跑官、要官者多，无心长期为学校将来作贡献，都是为政绩搭平台。校园应该是"学问决定论"，教学水平和学问的高低应该是教职工的报酬和受尊重程度的主要标志。教学水平高、学问上有创造性成果的教师自然拥有较高的收入和声望，并对学校的公共资源享有较大的建议权和支配权……今天的中国校园情形正好相反，不是"学问决定论"而是"职位决定论"，收入、地位和权力不取决于"学问"的多寡而主要取决于"职位"的高低，这实际体现了校园文化的庸俗化。校园文化本身具有多样性、自主性的特点，但有的学校，不管是什么文化活动，哪怕是一次简单的歌咏比赛或书法比赛，也要请相关的领导来宣布"开幕"或作"重要讲话"，长此以往，学生必然成为唯唯诺诺、唯马首是瞻的人，与学校的人才培养目标背道而驰。

功利意识突出

学校师生价值取向趋于功利化和实用化。在校园文化活动中，学生愈来愈注重从自身实际出发，希望在校园文化活动中能收获到看得见、用得上的成果，以利于今后升学考试或者毕业后能够派上用场。市场经济对校园文化最大的影响，就是校园文的精神价值的丧失，校园精神在自觉与不自觉地发生变异，短期行为的功利、实用对学生产生诱惑。各种竞赛考试、各种证书辅导班及商业广告贴满了校园的显著位置，带有明显商业宣传性质的学生活动赞助横幅挂满了运动场的周边。这种功利思想，也反映在学生的学习中。有些学生学习的目的就是为了取得高分，是为了考重点班，大学生是为了找到好的工作，这导致了他们由于学习压力大而产生厌学情绪，甚至逃学。一些基础性课程对学生而言，由于实用价值不大，学生逃课现象较为严重。

娱乐化倾向明显

学生每天的学习任务是繁重的，也是枯燥的，在紧张的学习之后，学生通过唱歌跳舞、体育运动等，能够劳逸结合，从而保持身心健康，提高学习效率。因此，校园文化体现一定的娱乐性是必要的。但是，当前校园文化普遍地存在着娱乐性内容过多的现象。学生追求享受，这与社会大环境有关，也与他们是独生子女有关。玩网络游戏、逛街、比吃穿，大学生谈恋爱、酗酒滋事等现象在校园里时有发生。"课桌文化"、"走廊文化"、"厕所文化"等存在于校园之中，反映了有些学生上课不够专注，精神空虚与寂寞，这是一种情绪宣泄，这种现象具有传染性，很容易影响其他同学。有的学生崇尚"吃一点、喝一点、玩一点"的生活模式，相信"青春不乐，一生白过；青春不美，老了后悔"。有的学生追求感官享受，上网、聊天、打游戏等，图一时快乐，有些校园文化活动可能在有意无意中纵容了这种情绪，这已经严重影响了学生正常的学习生活。

学校审美文化及其建构策略 ╱

中国学校教育的转型性变革，关键在于学校文化的转型与创新。建设审美型学校文化，是构建和谐学校的重要媒介和途径。这对于提升学校的综合实力具有十分重要的意义。

第一，学校审美文化的建构要既重视传承，又重视创新。

学校审美文化的建构具有实践性。其体现于在学校文化管理实践中要因人、因地、因时、因境制宜。文化的管理所面临的不是一次又一次可以设定的、完全相同条件的实验环境，而是不断变化的内外环境，因而不存在可以一次又一次可以重复验证的管理规律，对于学校文化建构中某些不可预测、只能感知的问题需要依据建立于丰富的文化管理实践基础上的管理艺术。在学校文化管理中，管理者必须在实践中发挥积极性、主动性和创造性，以动态的、发展变化的角度去认识并运用学校文化管理理论与方法，在实践中不断使之完善与发展。另外，学校文化管理不仅具有实践性，它还具有深刻的理论性。其表现在学校管理者经过无数次失败与成功的管理实践总结出来的反映管理客观规律的管理理论与管理方法，它既具有客观性和绝对性，又具有主观性和相对性，因此需要对之保持在与时俱进基础上的坚持，只有这样，才会形成有内涵的学校文化。学校文化如果失去了历史和传统，必将成为无本之木、无源之水。所以，应该尽量避免学校由于没有系统的发展战略和中长期发展规划章程而导致学校制度朝令夕改，一任校长一个思路，短期个人行为严重的现象，尽量避免学校文化管理的主观随意性，否则会影响事业的连续性。学校文化管理的内在品质在于理论性与实践性的辩证统一，它同时也体现了学校文化继承与创新的辩证统一的关系。学校文化的继承性体现了学校文化的稳定性与连续性，它是学校文化权威性的保证；学校文化的创新性体现了学校文化的灵活性与超越性，它是学校文化发展性的保证。

第二，学校审美文化的建构应强调科学文化与人文文化的统一。

人类社会的发展是由科学与人文的合力推动的。科学的研究对象是自然现象及其规律，人文的研究对象是有关人和社会一切事物。

科学以物为尺度，推崇工具理性至上，追求严谨和真实；科学文化的建构应采取刚性的、制度化和标准化的管理，它是学校依据法纪法规制定的规章制度，通过一定的组织形式和原则，对教职工实施的管理。学校文化管理的"硬"体现了对管理客观规律的尊重。学校必须结合自身实际情况以民主的方式制订学校战略目标与任务，同时以制度的形式把它规定下来，以不可动摇的制约性规范学校中人的行为。同时，在实践中要与时俱进，使制度越来越完善与健全。人只有在一定的社会组织中找到自己的位置，确立了自己的职能、权利和义务，才能形成相应的社会心理与精神状态。所以，学校文化管理中情感投入、民主与学习氛围的创建并非仅指个人之间的情感行为，或者是曲意逢迎，无原则的迁就，甚至是搞小团体、小派别的行为，它必须通过政治、业务等具体事件加以体现，最终要实现教职工政治上进步与业务上不断提高，进而实现学校制度中规定的战略目标与任务。

人文则以人为中心，推崇价值理性至上，追求善良和美好。人文文化的建构应采取柔性的、人性化和弹性化的管理，它是遵循教育心理学及管理心理学的规律，以人为本，注重感情投入，以管理者自身人格魅力潜移默化影响组织成员的管理方式。在知识经济崛起的今天，发挥精神文化的软约束性作用，越来越成为知识密集型组织的以柔克刚之道。尤其是学校中作为知识分子的教师具有较强的自尊心，更加注重个人声誉与感情，更加渴望实现自身的社会价值，创造性鲜明的工作性质决定了他们更加需要自由的环境氛围，因此，学校审美文化建构理应重视学习氛围、良好人际关系的创建等软因素的作用，旨在调动组织成员的主体自觉性，实现组织成员的主动管理与自我管理。

学校审美文化的建构目的在于实现科学文化与人文文化的辩证统一。一方面，科学文化是人文文化的保证，学校物质、制度的硬件建设是学校发展的前提基础；另一

方面，人文文化促进科学文化的实现，没有学校群体价值观的支持，再好的制度也难以推行。如果将学校的科学文化比作学校的躯干的话，那么，学校的人文文化就是学校的大脑与灵魂。二者相互依存、相辅相成、相得益彰，两手都要抓，两手都要硬。

第三，学校审美文化的建构应尊重个性，和而不同。

西周末年思想家史伯说："夫和实生物，同则不继。以它平它谓之和，故能丰长而物归之。若以同稗同尽乃弃矣。"这里的"同"指的是无差别的单一事物，它只能使事物发生数量上的变化；"和"指的是由各种不同事物相结合而达到的和谐平衡状态，它是新生事物发展的内在动力，也是百物构成的基本法则。当前绝大多数学校在文化上存在趋同现象，原因在于学校管理行政化模式，表现在：学校建立了上下衔接又有明确分工的行政组织网络，从校长到科长，每一级别都有严格统一的规定；学校制定一系列科学、合理的规章制度，建立一整套行为标准，包括教学、考试、教师培训、总务管理等等，这就使学校工作程序化和过程单一化、标准化。学校这种行政化管理模式虽然便于学校组织开展工作，提高工作效率，但是这种静态的管理由于强调整齐、划一，因此过于僵化，缺乏弹性，不能应付复杂和动态的环境变化，尤其是这种行政化管理模式重制度而不重视组织中的人，众多的师生员工只能不顾自身的具体客观条件处于被动服从的地位而一律遵制而行，束缚了自身的积极性与创造性，也扼杀了学校文化创新的源泉。

学校作为充满生机与活力、具有鲜明生命取向的系统而独特的社会组织，其内部不同成员间存在着文化的差异，而这种成员之间文化的差异也恰是保证学校组织具有生命力的一个前提，也是学校文化创新的核心因素。创新活动是人的最高级的精神活动，只有在自由、宽松的环境下，人的作用才能得到正常的发挥。因此，学校要实现文化创新要求必须尊重师生员工的个性，承认差异，为学校成员提供更多的自由度、更多的制度弹性空间、更开放的学校组织形态以及更加宽容的心态。

学校中成员个体文化同质到无任何差异绝非正常，但是差异到没有任何共性也会抵消学校发展的力量，而差异基础上的文化融合才令学校最有活力，这就是"和而不同"真正的内涵。德国哲学家黑格尔认为："在考察伦理时永远只有两种观点可能，或者从实体性出发，或者原子式地进行探讨，即以单个的人为基础而逐渐提高。后一种观点是没有精神的，因为它只能做到集合并列，但是精神不是单一物的东西，而是单一物与普遍物的统一。"[1]黑格尔从实体性出发考察伦理的本质意味着学校作为实体组织必须通过协调员工的文化理念来最终实现学校文化的持续发展，使学校全体成员对学校组织的战略，目标，宗旨，方针有共同的认识，充分了解组织的处境和自己的工作在全局中的地位和作用，互相信任，彼此团结，具有使命感，凝聚组织成员的心理与行为，使学校成员既能够充分发挥个人主体自由，又能够使之不背离学校整体价值观规范之下。价值观不是先天固有的，也不是人们头脑中主观自生的，而是在一定的社会环境和活动中逐步形成的，是主体在实践活动中通过自我意识，对社会存在、社会生活的创造性把握。正如马克思所言："思想、观念、意识的生产最初是直接与人们的物质活动，与人们的物质交往，与现实生活的语言交织在一起的……意识在任何时候都只能是被意识到了的存在，而人们的存在就是他们的现实生活过程。"[2]因此，学校必须结合自身文化传统、学校现有的人力与物力资源、学校面临的国内外竞争环境、学校办学的优势和劣势、学校所在地区人才需求、学校师生的自身状况等因素，广泛发动全校师生，征集意见，充分调动与尊重每一个人的主体性，争取做到全员参与，在实际自身的办学活动中制订出学校战略目标与任务，同时以制度的形式把它规定下来，

[1] 黑格尔.《法哲学原理》[M].范扬、张企泰译,北京:北京商务印书馆,1961.173.

[2] 马克思,恩格斯.马克思恩格斯选集[M].第1卷,北京:人民出版社,1995.72.

学校的一切工作必须紧紧围绕学校的组织目标与活动来进行，只有这样，学校的办学理念和共有的价值观等精神因素才能获得文化的认同，而这种价值观才能够真正体现学校的个性，不致沦为一种浪漫而不切实际的形象工程。

学校是一个由教师和几十个有着不同文化背景、不同气质、性格的师生个体结合而成的集体，它实际上是一个"文化生态圈"，建立了良好的学校"文化生态圈"，便建立了一种保障学校文化创新有效实施的"精神场"。学校在组织内部管理中应坚持"和而不同"的伦理原则，实现人与学校、人与人及人自身全面、自由、和谐地发展，既有效促进并保证了学校师生员工主观能动性与创造精神的充分发挥，保证其自身生命价值的实现，又保证了学校组织业绩的不断提高，由此形成组织与成员之间的良性和谐的互动关系，进而达成学校文化创新与教育事业的发展。

诗意地栖居在大地上——"弘扬传统文化，构建诗意校园"的曲阜市实验中学

"诗意的校园是美丽的，美丽的校园才有诗意。"我也曾写诗赞美我们的校园："校园孟夏日/处处好风光/树为晴雨伞/花作篱笆墙/竹叶悠悠绿/杏儿浅浅黄/疏影横斜处/谁人醉书香？"这的确是校园实景的写照。校园里有500多棵树："松竹梅岁寒三友，桃梨杏春风一家"，银杏、柿子、山枣、核桃、桂花、青檀……简直是个大花园，学生栖居在美丽的校园里，其乐融融。丹桂飘香的时节，秋梨、石榴、柿子缀满枝头，除了鸟儿光顾，竟无一人动一动，人与环境和谐相处，这也是道德的风景吧！

"小乐山"、"采芹园"、"思乐池"、"双清"、"蕴珠"……校园八景题名刻石就很耐人玩味。"思乐池"是这样诠释的："教化若水。水利万物而不争。善凝聚而不散，生死相依，荣辱与共；善包容而不骄，滋润万物，广济天下；善克难而不懈，百折不回，水滴石穿。"师生观景、品石、读文、思义，或许会悟出点什么道理来。徜徉三载，一朝顿悟，说不定在他们的心田里就能悄然播下诗意的种子。

在学校走访的时候，领略到了校园的环境美色。鸟鸣于花草树木之间，美哉斯景！而与之相映成趣的还有人文之美——"醉书香"。王国维说："一切景语皆情语也。"学校师生赏美景，品书香，就已陶醉其中了。

"校园八景"的题名刻石诗意沛然，令人回味。而其中"思乐池"的诠释，就弥散着浓浓的文化气息。老子说："水善利万物而不争，处众人之所恶，故几于道。"是啊！水是利他的，更重要的是，水是近道者。《周易》有言："形而上者谓之道，形而下者谓之器。"孔子是乐感文化的代表，因为他已经得道，所以能够"己欲立而立人，己欲达而达人"，因此才"乐"。而且，这种乐不是个体的私利之乐，而是高尚的立人之乐，是真正的幸福之源。所以，让学生见泉而生感，生感而近道，近道而生乐，有乐而幸福。

——http://www.qfsz.jinedu.cn/Article/ShowArticle.asp?ArticleID=795

/ 教师审美人格的自我提升策略 /

"自我"是人格的心理组成部分，包括内在真实之我、外在现实之我和未来理想之我三层构成，是一个整体性的概念，教师审美人格的自我提升指的是作为主体的教师对自己的全部身心状况的知觉，对自己的全面的认识，是把自己置于一种客观的位置进行的主体性（既不等同于主观也不是客观）选择评价，是主体在社会化的过程中形成的整体人格。是教师自我介于外在客观之实然与内在主观之应然的恰当选择，是出自非自愿与高兴之间的均赢，它表现为在处理人际利益关系中应实现的某种"中度"。教师审美人格的自我提升是作为主体的教师在对真实自我、现实自我与理想自我的道德关系调节中凭借自身主体间性的共通感而自觉达于心灵动态平衡的境界，使三者在适度的张力中实现自我不断超越发展。它是教师不断对自身生命进行的自我追问，进而达成对自身生命的全面解释和理解，这也是人的生命具有意识性的独特性之所在。古希腊哲学家苏格拉底曾说："未经反省的人生是没有意义的。"对自身生命的探寻是人内在本性之所在。而人在对自身生命的追问与探究中时常需要回答以下的几个问题：即"我究竟从何处来？"、"我要往何处去？"以及"我究竟要怎样活着？"，当人对这些问题进行相互联系、系统而全面的解读时，实际就涉及到对教师审美人格的自我提升问题。笔者认为：教师要实现教师审美人格的自我提升正应全面地对上述三个问题给出前后相互照应的系统解答。

反躬内省——教师在静心中观照本体自我 ╱

教师本体自我是个体本质存在的内在真实状态，生命自然生成之根基，它是教师内在自然本性的根本体现，正如中国古代文献《大学》中对"诚意"的解释："所谓诚其意者，勿自欺也。如恶恶臭，如好好色，此之谓自谦。"教师本体自我表现了教师真诚对己的态度。它根据自己情感喜好去进行价值判断，根据自己内心的呼声去做属于自己的选择，是教师自我创造的源泉与本然发展动力来源，它反映了教师主体自我意识的高度觉醒，表现了教师在教育过程中对自己的人生价值有清醒的认识，同时也体现了教师的自尊、自立、自强、自律。

教师在静心中观照本体自我主要表现为教师在全面了解与正确认识自己的基础上对自我坦然承认并欣然接受，既能看到自己的优势与潜能，又能看到自己的缺点与不足，进而在客观自我认识基础上表现出自我悦纳的心理状态，教师因此获得了一份心灵的平和与宁静。能在静心中观照本体自我的教师心灵剥离了外在名利欲求的迷障与限制，尊重自我生命中的心灵之爱，静心聆听自己心灵的声音，通过自我调试与反省，认清自己，认清生活，认清生命的本体意义与价值。这是有血有肉的教师最真实的自己，也是教师灵魂的栖息之所。教师在对本体自我的观照中，能够在真实中对自己保有一份轻松与宽容，教师也因此能够不断发挥自身无限的主体自由的力量，不因外在尘世的喧嚣与浮华而动摇自己内心对教育坚定的信仰与真挚的情感；才能将自身的教育实践作为实现自我生命价值的舞台从而获得生命的意义感。法国思想家卢梭曾说"人在世上越离开尘俗，越接近自己，就越幸福"。教师应学会时常与本体自我进行心灵对话，只有同本体自我的谈话才更具有真实性，因此才更具有穿透坚硬事物的尖锐性，从而使教师的思想和情感有了往高尚和纯粹境界提升的可能性，在不断动态自我超越中形成自我独特的教育风格。

当然，教师在静心中观照本体自我并非无限制地对自我情意极度地膨胀，它还需要自我理性的力量实现在本我与外部现实之间进行调节，对本我的要求进行修改，使之在一定条件下有可能得到满足。因此，它必须正视现实、符合社会需要、按照常识和逻辑行事。因此，教师个人社会生活实践是内在本质之我生成的源泉，所谓人怎样去体验生命，就会有着怎样的境界与造化。

体验与品味——教师在实践中体悟现实自我 ／

教师现实自我是教师自我存在的外在状态，它是教师外在社会性的体现，是教师内在的本体之我和理想之我的客观现实根基与体现。马克思在《关于费尔巴哈的提纲》中曾这样写道："人的本质不是单个人所固有的抽象物，在其现实性上，它是一切社会关系的总和。"这说明马克思把人放在实际的社会历史进程中考察人的本质，对人的本质给出了历史唯物主义的解答。人作为生活于现实社会关系中的人决定了他首先是一个社会人，其次才是一个具体人。人不能随意选择自我本质，人首先是被决定的。作为现实社会存在物的人，社会化是其生存和参与正常社会生活的必要途径，而个体获得社会职业意识与职业角色是个体社会化的集中体现。个体社会化的基本途

径即实践。

教师对现实自我的体悟主要体现于教师以主体自觉的状态积极投身于教育教学实践，在教育教学实践中肯定、确证、生成现实自我。马克思和恩格斯在《德意志意识形态》中曾说过："作为确定的人，现实的人，你就有规定，就有使命，就有任务。"教师作为沟通社会与个体精神的中介决定了其不仅应有教师独特的做事能力——教学智慧，还应具备教师独特的个人品格——教师德性。

教学智慧的生成要扎根于教师生动的教育实践体验之中，产生于教师教学实践过程中的不断自我研究与反思。教师的教学实践知识是教师教学智慧生成的前提基础。因此，教师应积极参与以校为本的教学研究，把课堂作为实验室，以课堂教学问题为研究课题，以改善课堂教学行为为研究目的，在行动研究中发展自己的实践性教学知识与智慧；教师德性是在教师交往实践中养成的，德性是一种"场现象"，它根植于、内涵于、渗透于教师各种各样的生活交往实践中。体现教师角色的教师人际交往主要存在于课堂之中，教师应将课堂教学看作是与学生"共在"的生活与交往世界，教师只有将自己置身于一个真实的交往过程中，置身于实践中的各种人际关系，各种矛盾情境之中，才能真正透过别人，透过各种关系的协调结果进而体验与品味现实自我，才能生成社会所要求的教师德性。总之，教师只有在教育教学实践中通过对现实自我的不断体悟不断获得社会职业意识与职业角色，在对现实自我的确证与生成中也实现了自我存在的内在本质的价值。

当然，教师现实自我并非教师在客观教育教学实践中的自然结果，其必须受一定理想自我的观照，因为"历史不过是追求自己目的的人的活动而已"。教师现实自我应以观念化的理想自我为追求目标，在对当下生命的批判与反省中不断引导现实自我走入更加理想的境界。

教师理想自我是教师存在的未来想象状态，是教师自我的终极目的与应有状态，它是以一定的现实自我为基础产生的观念先导，它虽然自身不具有现实性，但却时刻以一种神奇的方式切入现实自我，以其包含的理想性实现对现实自我的关怀与批判。

人作为时间性存在的有限性决定了人生存的本质在于对现实生存的超越，超越是个体的一种自由体验，自由的途径在于精神的解放和自我的升华。教师理想自我可以使教师摆脱客观事物存在对自我发展的限定与束缚，自由地由自身需要出发，先行规定自我存在的属性。它引导教师现实自我不断追求能力提升与道德进步，在不断战胜与否定现实自我的过程中，使自我潜能得以挖掘，个体生命境界得以提升；同时，教师理想自我能够引导教师自我积极吸收学习外界有益影响与高尚行为，抵制克服外界不良影响，保证主体自我发展的正确与高尚的方向。教师理想自我是教师主体对精神自我的道德观照。教师应根于自身教育实践树立促进学生发展与成为创新型教师的职业理想，这样才能调动一切有利于教育教学的积极因素，充分发挥自己的创造性潜能，进行创造性地教学；教师在沉思与冥想中，在对教育事业的理想追求中，也使自己进入一种审美化诗意生存的教育境界。

总而言之，教师审美人格的自我建构是教师主体在各个自我之间进行平等、理性的对话过程，教师在对现实的职业实践活动中能够不断在自己生命存在的绝对价值层面进行反思，认识自我，悦纳自我，尊重自身生命的生成与个体的本质，发扬内在的积极性与主动性，同时考虑现实社会对自身职业的要求，实现内心对自己现实社会职业的认同，维护自身职业的崇高；扎根于自身现实社会角色要求的基础上，理智地确立自己的人生价值与目标，树立远大的志向，执着追求，具有一种对理想的追求，对现实的超越和对内在精神的向往与关怀，努力使自我与一个更博大、更明朗的世界合二为一。当然，教师审美人格的自我建构是一个系统工程，教师主体的自觉反省只是其中的一个环节。教师在对自我人格的审美化调解中，在对充满张力的生命结构的调整中，不断挖掘生命的内涵，拓展生命的空间，创造生命的意义，提升生命的境界。这实际也是教师自觉为人，自觉为师的过程。

／名师审美人格及其日常生活与教育生活／

以下选取古今九位名师，从其日常生活与教育生活的几个侧面，揭示其审美人格及其与教学与德育的关系。

孔子的审美人格及其日常生活与教育生活 ／

孔子的审美人格体现于孔子恰如其分的仪容、行止，这正是君子坦荡荡之形貌。正如《论语·述而》中说"子温而厉，威而不猛，恭而安"。温而厉者，温者往往柔弱，孔子则温而有度显其厉；威而不猛，威者往往莽撞，孔子则威而不猛；恭而安，恭者往往拘谨畏惧，孔子则恭而安然。从容、和缓、节制，这样的品格正是在孔子身上的平衡所展示的不凡风度。正如孔子得意弟子颜渊所叹："仰之弥高，钻之弥坚，瞻之在前，忽焉在后。夫子循循然善诱人，博我以文，约我以礼，欲罢不能。即竭吾才，如有所立卓尔。虽欲从之，末由也已。"孔子对于学生而言好像有一个非常高大的东西立在前面，其实那就是孔子审美人格的魅力。

真实的孔子

孔子适郑，与弟子相失，孔子独立郭东门。郑人或谓子贡曰："东门有人，其颡似尧，其项类皋陶，其肩类子产，然自要（腰）以下不及禹三寸，累累若丧家之狗。"子贡以实告孔子，孔子欣然笑曰："形状未也，而谓似丧家之狗，然哉！然哉！"

解释：孔子前往郑国，和弟子互相走失，孔子独自站在外城的东门。有个郑人对子贡说："东门有个人，他的额头像唐尧，他的脖子像皋陶，他的肩像子产，然而从腰以下比夏禹差三寸，瘦瘠疲惫的样子好似丧家之犬。"子贡把实话告诉孔子，孔子欣然笑着说："他说的形状，那倒未必。但说我像丧家之犬，是啊！是啊！"

评价：孔子有圣人相，但又像丧家之狗。孔子听说后，对"圣人"的说法不赞一词，只承认自己是"丧家之狗"。真正伟大的人物常有伟大的胸襟。由此我们可以看到一个有血有肉的孔子形象。他欣然笑曰地接受别人对他如似丧家之犬的形容，不以为忤，反以为乐，心怀宽广。正是因为这个有些狼狈的形容，让人感觉他更接近普通人的视觉，越发觉得孔子人格的魅力。这种豁达的心胸正是其所倡导的言传身教的注解吧。

仁德的孔子

子贡曰："学不厌，智也。教不倦，仁也。仁且智夫子既圣矣。"

——《孟子·公孙上》

子曰："若圣与仁，则吾岂敢！抑为之不厌，诲人不倦，则可谓云尔已矣。"

——《论语·述而》

解释：子贡说："学习而不知满足，是明智；教育而不知疲倦，是仁爱。老师既仁爱又明智，可以称之为圣人了。"

孔子说："如果说到圣与仁，那我怎么敢当！不过（向圣与仁的方向）努力而不感厌烦地做，教诲别人也从不感觉疲倦，则可以这样说的。"

评价：孔子具有非凡而永恒的人格魅力源自孔子不仅是一个人格伟岸的仁者，还是一位"何其多能"的卓越的智者，天意纵之而成的一代圣人（"固天纵之将圣"），孔子是教师光辉的典范，堪称"万世师表"，也堪称为时代的精神偶像。

快乐的孔子

子曰："贤哉回也！一箪食，一瓢饮，在陋巷。人不堪其忧，回也不改其乐。贤哉回也！"

——《论语·雍也》

子曰："饭疏食，饮水，曲肱而枕之，乐亦在其中矣。不义而富且贵，于我如浮云。"

——《论语·述尔》

解释：孔子说："贤德啊，颜回！吃的是一小筐饭，喝的是一瓢水，住在穷陋的小房中，别人都受不了这种贫苦，颜回却仍然不改变向道的乐趣。贤德啊，颜回！"

孔子说："所吃的是青菜和很粗糙的饭，喝的是白开水，睡觉的时候，连枕头都没有，就是曲着手臂当枕头，而生活的乐趣在其中了，如果是以不合理的方法取得富贵，我当它是天空中的浮云一样，那是很快就会消散的，绝对不要它。"

评价：宋儒有寻"孔颜乐处"所乐何事之教，其实，答案就在《论语》中。孔子所说的"乐"，"并不是一种肉体的快乐，而是一种精神的平静的满足"。是"与道为一"的快乐。这也是教师应追求的至高审美境界。此时，这是由厚积到薄发、功到自然成的阶段，此时教师的教育教学活动完全出自教师自身自然而然精神需要的满足，教师忘却了自己的主体地位，与整个知识、教学活动和学生完全融为一体。此时教师沉湎于生命创造的幸福与快乐中，教师生命经历了无限自由的精神遨游，此时教师是专业成熟期的"人师"。人师是教师修养的最高境界，不仅教书，而且育人，以其高尚的人格塑造学生的人格，对学生心灵的影响深刻且久远。

苏轼的审美人格及其日常生活与教育生活 ∕

苏轼一生的兴趣、爱好及其行为倾向性以及其人格意识既具有独特性，又具有典型性，有极丰富的传统文化的内涵，表现出许多封建文人的共同价值取向。林语堂曾不无深情地赞美"苏东坡是个秉性难改的乐天派"、"是载歌载舞，深得其乐，忧患来临，一笑置之"的达士高人。考察苏轼凤翔任上、黄州、岭海等不同时期的诗文，可以发现其人格经历了元丰以前"拙于谋身，锐于报国"的现实进取人格、元丰黄州时期的任性逍遥人格到绍圣岭海时期无思无待的审美人格的调整变化。这种调整变化也正足以说明苏轼在人格方面的孜孜追求和不断完善。

"丈夫重出处"：凤翔任上进取人格形成

所谓现实进取人格，就是指儒生在其立身处世的行为趋向性方面表现出一种对现实的执着和韧性，其心理上表现出一种极强的建功立业的欲望，品行上表现出刚烈敢言、九死未悔的气节，这是儒家的传统人格精神。

苏轼的这种执着于现实人生的人格精神，是他早年初涉仕途时期的主要表现。诸如"早岁便怀齐物志，微官敢有济时心"、"丈夫重出处，不退要当前"（《和子由苦寒见寄》），体现了苏轼辅君治国、大济苍生的远大抱负。现实进取人格是古代文人的共性，是士大夫的共同的价值取向。它也是自由人格和审美人格的基础。

江城子·密州出猎　　宋·苏轼

老夫聊发少年狂，左牵黄，右擎苍。锦帽貂裘，千骑卷平冈。为报倾城随太守，亲射虎，

看孙郎。

酒酣胸胆尚开张,鬓微霜,又何妨?持节云中,何日遣冯唐?会挽雕弓如满月,西北望,射天狼。

"逍遥寄人寰":黄州贬所向逍遥人格调适

黄州之贬是苏轼政治上一次较大的挫折,也是他人格意识嬗变的重要时期,他由以往的执着于现实的进取人格,而进入逍遥人格的追寻。这仅是一种对潇洒自适的追求而已,尚未真正达到审美恬然的状态,也未付诸实践。逍遥人格既非不问世事的"散人"人格,又非汲汲于仕途的"拘人"人格,而是逍遥于营营众生熙熙世事中的自由人格。徘徊于世而不执着于世,归诚向道而不痴迷于道。这是他一生人格转型的第二个里程碑,是岭海审美人格的前奏。体现了苏轼"俯仰尽法界,逍遥寄人寰"纵浪大化的自然心性。

卜算子　宋·苏轼

缺月挂疏桐,漏断人初静。谁见幽人独往来?缥缈孤鸿影。

惊起却回头,有恨无人省。拣尽寒枝不肯栖,寂寞沙洲冷。

"我不记吾谁":惠州之贬已臻审美人格

黄州时期的他还只不过是停留在对生活的描述,即使有反思,也不过是一种浅层次的思考,他所营构的逍遥超脱的境界也不过是对人生的自解而已,因为此时的他,对人生还来不及作更深的参悟,兼济之心并没完全泯灭,这只要看看他在此期间的种种表现就可明了这一点。而岭海时期的他,截然不同,他已经完全摆脱了功名事业的羁绊,对荣辱是非,富贵祸福,生老死育有了更深的感悟和认识,现实功名、男儿事业已不再是他诗中关注点,感悟人生,探询人生才是他诗中的主题。诸如孤独、悲伤、黑暗、病痛这些让人难堪的东西,他都可以进行审美的体验,从正面去审视,从哲理的高度去剖析,他总是以一种宁静淡泊的平和心态来面对一切。瘴乡艰窘的生活与环境,他总是进行审美化的审视,明明是生活困窘,上下顿不济,他却偏偏自我满足:"我与何曾同一饱,不知何苦食鸡豚"(《撷菜》卷四十)。明明是背井离乡,几多凄楚,他却不以为念:"三年瘴海上,越峤真我家"(《丙子重九》其一);明明是投闲置散,环境恶劣,他却高唱"醉饱高眠真事业,此生有味在三余"(《二月二十九日携白酒鲈鱼过詹使君诗》)。全然看不出作者是在人生逆境中所作,看到的只是充满盎然的意趣,诗意的人生,好像什么也没有发生过。绚烂之极归于平淡后的一抹会心微笑,历经磨难心潮终平后风轻云淡的恬适,更有耐人寻味的隽永魅力。获得了生命的审美境界和精神自由,在美的追求过程中,在对生命的体验过程中,在对生活的感悟过程中,他甚至忘记了自己是谁:"相逢莫相问,我不记吾谁"。无欲无待无功无名的他,与万物混同,与自然趋一。这是一种"无思"和"无待"的审美人生,是人生中的最高境界,也是所谓的天地境界、宇宙情怀。

定风波　宋·苏轼

莫听穿林打叶声,何妨吟啸且徐行。竹杖芒鞋轻胜马,谁怕,一蓑烟雨任平生。

料峭春风吹酒醒,微冷,山头斜照却相迎。回首向来萧瑟处,归去,也无风雨也无晴。

朱熹的审美人格及其日常生活与教育生活 ╱

朱熹不但是一个伟大的思想家,同时也是一个杰出的学问家和教育家,而且还是一个有着高度责任感的封建士大夫。当前关于朱熹的理欲观也正从批判走向正面理解,所谓"灭人欲"并非提倡禁欲,而是节欲,节制过度的欲望追求,以保持心灵的宁静和谐,不为物欲所纷乱。朱熹继承士大夫审美文化传统,以人生境界为其"美学思想"的旨归,针对当时现实知识分子的丑陋人格,基于"理"本体论,以"诚"论真,以

"仁义"论善,是其人格理论基本主张,朱熹也以自我言行践行了这种人格主张。

正直廉洁,忧国忧民的官德修养

具体表现朱熹正君爱国、勤政爱民、廉洁奉公、针砭时弊、不畏权贵的高风亮节。首先,朱熹对国家前途命运具有强烈的忧患意识,是一位难能可贵的爱国学者。他"朝夕忧虑以天下国家为念。"(《朱子语类》卷94)为官廉洁奉公,公正无私,不畏权贵,对贪赃枉法之徒深恶痛绝。朱熹在任职期间的勤政爱民政绩是很突出的。朱熹退居崇安时期,崇安因水灾发生饥荒,爆发农民起义。有鉴于此,朱熹主张设"社仓",以官粟为本;1178年朱熹任"知南康军",上任不久发生灾荒,朱熹上疏要求减免租税。同时,请求政府兴修长江石堤,一方面解决石堤失修问题,另一方面可以雇用饥民,解决他们缺食问题,饥民称善;1190年朱熹知福建漳州,时值土地兼并盛行,官僚地主倚势吞并农民耕地,失地农民受到更为沉重的剥削,阶级矛盾激化。为此,朱熹提出"经界",即核实田亩,随地纳税。这一建议势必减轻农民负担,损害大地主的利益,所以遭到后者的强烈反对。"经界"终于未能推行,朱熹愤怒不已,辞职离去,以示抗议。他的勤政爱民品行,深深地根植于他的民本思想之中。朱熹认为,平易近民是"为政之本",告诫统治者不要竭泽而渔,激起民变。

关爱学生,致知力行的师德风范

朱熹关心爱护学生,与学生水乳交融。他常和学生弟子过着艰苦的生活,他与学生之间关系,既是师生的关系,又是朋友间的关系。像蔡元定、林择之等学生,曾被朱熹称之为"畏友",经常与他们探讨学术问题,他对学生关心备至。朱熹之所以赢得众多弟子和社会上的尊重,另一方面的原因也是由于他的治学是极其严谨、勤奋而富有创造性的。朱熹本着"格物致知"的科学精神,在知识的海洋中广泛涉猎,一生勤奋,著作宏富,经、史、子、集各类文章颇为齐备。

良好的学术修养和君子风范

朱熹和陆九渊是当时两位鼎鼎有名的大师级人物,他们同属唯心主义范畴,但具体观点相左,一个是客观唯心主义,一个是主观唯心主义,一个是"理学",一个是"心学"。两位大师在信州鹅湖寺当面鼓对面锣辩论了三天,双雄争锋,难分伯仲,这就是历史上有名的"鹅湖之会"。观点虽然不同,但他们并没有相互诋毁,背后攻讦,而是学术上的辩友,生活中的朋友,表现出良好的学术修养和君子风范。公元1181年,朱熹邀请陆九渊到白鹿书院讲演,这篇"君子喻于义,小人喻于利"的讲演,在学子中引起了强烈的反响,朱熹也深为感动,并把他的讲演内容刻在石碑上以示纪念,这种包容不同观点的雅量,实在难能可贵。

休闲自娱的日常生活——朱熹与武夷茶道

武夷山"奇秀甲于东南",而且盛产茶叶。朱熹生活在武夷山麓九曲溪畔,武夷岩茶自然是垂手可得,他一生喜饮武夷岩茶,在武夷过着"客来莫嫌茶当酒"的清淡俭朴生活。朱熹乐于武夷山水,更精于武夷茶道,他的一生有一大半是在茶乡武夷山度过的,"琴书四十年,几作山中客"。他隐居武夷山,著述立说,以茶穷理。亲朋故友来访,则入山寻胜,品茗赋诗,互相唱和,至今遗迹犹存。武夷山六曲响声岩留有手书岩刻,记载他与蔡元定、吕祖谦、刘子翼等文人武夷漫游;在《武夷山志》里还收入他与袁枢、潘友人等品茗唱和的茶诗。

朱熹在武夷讲学之余,常与同道中人、门生学子入山漫游,或设茶宴于竹林泉边、亭榭溪畔,在巨石上设茶宴,斗茶吟咏,以茶会友。他在《武夷精舍杂咏》中有首《茶灶》记述之,诗曰:"仙翁遗石灶,宛在水中央。饮罢方舟去,茶烟袅细香。"这种茶趣,这种意境,倾倒多少文人墨客。朱熹写过一首《咏茶》诗,记录他蛰居武夷的生活，诗云："武夷高处是蓬莱，采取灵芽手自栽。地辟芳菲镇长在，谷寒蜂蝶未全来。红裳似欲留人醉，锦幛何妨为客开。啜罢醒心何处所，远山重叠翠成堆。"这首诗写出了他在武夷的山居乐趣。在《茶坂》一诗中记录他在茶园的辛勤劳动，诗曰："携蔬北岭西，采撷供茗饮，一啜夜窗寒，跏趺谢衾枕。"茶宴本是古代文人作为一种清俭的生活风尚和廉素的道德风尚，进而也作为风气流传下来。

蔡元培的审美人格及其日常生活与教育生活 ╱

无人怀疑蔡元培是中国现代史是上最著名的教育部长、最成功的大学校长。蔡元培成功人生的秘诀不在于他的学问和事功，而在于他的伟大人格。他那宽容、仁爱、谦让、真诚、和蔼、慎独、淡泊、民主、崇高、刚直等优秀人格特色，像磁场一样吸引了当时最为著名的人才，为他出谋划策，从而开创出一种风气，成就百世伟业。正是凭借着审美人格之魅力，蔡元培竟使这些自视很高、个性不羁、互不服气的名人罗致聚合一起，心甘情愿地为他出谋划策，为他效力。打个不确切的比喻，蔡元培于北大，有如宋江于梁山。无宋江，梁山的108将聚不在一起，成不了什么英雄；而没有蔡元培，北大就成不了北大。

温而厉的性情

冯友兰在《我所认识的蔡校长孑民先生》一文中，讲到他所亲历的两件事：一次，冯友兰从新任的蔡校长身边走过，顿着"他的蔼然仁者、慈祥诚恳的气象，使我心里一阵舒服。我想这大概就是古人所说的春风化雨吧"。另一次，因事需要学校出一个证明书，按正常手续办来不及了。冯友兰大胆闯进校长室，直接去找蔡校长。蔡校长听完情况说明后，当场提笔写了几个字，并"亲切地交代"如何去文书科具体办理手续。这种不言之教，使冯友兰感受很深，几十年后都牢记在心，津津乐道，念念不忘。

蔡元培性情温和，日常无疾言厉色，无论遇达官贵人或引车卖浆之流，态度如一。这不是说蔡元培是个"好好先生"，没有阳刚之气。他对大是大非问题是严肃不苟的。北大曾发生"讲义费风波"。学生因不肯交讲义费，聚了几百人，要求免费，其势汹汹。蔡元培坚执校纪，不肯通融，一时秩序大乱。见此，蔡校长一改谦和温恭的形象，在红楼门口挥拳作势，怒目大声道："我跟你们决斗!"包围先生的学生们纷纷后退。这大概是蔡元培一生为了维护学校大局不得不发狠吧。

宽容的度量

蔡元培有宽容之度量，这是因为"在当中西文化交接之际，而先生应运而生，集两大文化于一身，其量足以容之，其德足以化之，其学足以当之，其才足以择之。"人若自身没有量、德、学、才，又如何去宽容别人呢?本着宽容的度量，蔡元培在入主北大时，就引用《中庸》"万物并育而不相害，道并行而不相悖"的道理，提出了"囊括大典，网罗众家"的办学思想，开创了思想自由，兼容并包的学术风气。冯友兰对蔡元培的"兼容并包"有深刻的理解，他认为兼容并包有两层意思：一是学术上的兼容并包，凡是学术上自成一体，专业上有地位、有贡献的人才，尽可能的聘请过来，而不问他的政治派别;二是对老、中、青人才的兼容并包。所以，北大可以出现陈独秀、胡适、李大钊等新锐人物与旧派学者辜鸿铭、刘师培、黄侃、林纾、陈汉章并存，六七十岁的老翁宿儒与二十几岁的"兔子党"共处的局面。"在这两方面的兼容并包中，蔡先生把在当时全国的学术权威都尽可能地集中在北大，合大家的权威为北大的权威，于是北大就成为名副其实的最高学府，其权威就是全国最高的权威。在北大出现了百家争鸣、百花齐放的局面，全国也出现了这种局面。"

淡泊的心境

作为翰林院的编修，蔡元培的旧学功底自不待说。受汉儒"正其义不谋其利，明其道不计其功"的非功利主义思想影响,蔡元培对名利比较淡泊。他虽负母命参加科举考试,但并非志在必得,以致不等会试发榜就提前回家而错过殿试。留学德国后,又受康德哲学思想影响,把世界分为现象世界和实体世界,认为我们生活的现实社会只不过是暂时的现象世界而已,人生应追求精神永恒的实体世界。因此他对人生持"超然"的态度,既不迷恋,也不厌弃。对依附于人身的名利更是淡然处之。所以他可以毫不留恋地辞去教育总长,去当一名老留学生。

曾在爱国学社、民元教育部时期一直跟随蔡元培的老朋友蒋维乔,在《民国教育总长蔡元培》一文中写到:"先生绝无耳目四肢之嗜好",为爱惜生灵,而不愿杀生,持素食。为公众事业,可以做到忘其家、忘其身。做到"功成而我不必居,名成而我不必享,无我、无功、无名。"蒋梦麟是蔡元培绍兴中西学堂担任监督时的得意门生,蔡元培在五四运动之后,还曾派蒋代表自己到北大主持工作,师生关系十分密切。他认为蔡元培的为人可用"平淡冲和"四个字来概括。"故先生处事,时持'水到渠成'的态度。不与人争功,不与事争时。别人性急了,先生常说'慢慢来'"。正因为淡,所以他不屑与人去争名夺利,而是把扬名立功的事让给教授们,让给青年学子们。正因为淡,他不会与人去比车子、房子。正因为淡,他"绝不会利用学生,去为其个人争地位"。

爱护学生的真挚情感

《中央日报》主编程沧波曾意味深长地感叹:"蔡先生这个人的特点就是淡,但是他的人情味很浓。"蔡元培不但是仁爱思想的信奉者,宣传者,更是仁爱思想的实践者,代表者。他仁厚博爱、富有同情心、爱护青年、关心青年的成长。

有一次,蔡元培在火车上认识一位安徽青年,该青年将自己写的有关文字学的著作送给蔡先生看。蔡看后感到写得不错,是个难得人才。于是很热情地为这位失业在家,生计无着的青年写了一封推荐信,使他顺利地在安徽大学找到了理想的工作,脱离了困境。

蔡先生从他学术救国、道德救国的思想出发,他不赞成甚至反对学校和学生直接介入政治斗争。虽然蔡先生不主张搞学生运动,但是真到了政府抓起学生来的时候,他却对学生说:"你们安心上课,并且不必外出,我保证在三天之内,把被捕的同学营救出来。"其实他也没有什么好办法:他来到了段祺瑞敬重的老前辈孙宝琦家中,请他代为说情,并表示"愿以一人抵罪"。老人因为这件事闹得太大,深表犹豫。见孙老面有难色,蔡先生就用了"坚硬的柔软"的办法:待坐在孙老先生的会客室里,从晚上九点一直过了十二点也不走,直到孙老答应全力以赴以后才回家。20名学生被放出来了,蔡先生则向他们说了安慰话,并在休息室里亲自为他们削梨子,让出狱的学生泪下如雨。然而蔡元培却也因此而得罪了政府,当时就有人说要烧北大的房子,杀北大学生,有的则要"以三百万金收买凶手刺杀蔡元培"。蔡先生只好选择了辞职,一纸启事写道:"我倦矣!……我欲小休矣。"经过《北京大学日刊》发出后,北京各中等专科以上的校长全部向政府提出辞呈,与蔡先生同进退。辜鸿铭则在挽蔡会议上说:"校长是我们学校的皇帝,所以非得挽留不可。"这成为二十世纪中国人文历史上最值得回味的一幕。

陶行知的审美人格及其日常生活与教育生活 /

陶行知曾在《自勉并勉同志》一诗中说的"人生天地间,各自有禀赋。为一大事来,做一大事去。"这说明他作为一个平常人,却有一颗不平凡的心,他的伟大之处,在于他的伟大人格,他的一生无愧于"万世师表"的称号,就像吴树琴老人在《高大的身影》一文中所说的"陶行知先生离开我们已经半个多世纪了,但我相信,先生的伟大人格,崇高精神,将伴随着我们"。

对自己是"淡泊名利、无私奉献"

陶行知先生有一句名言："捧着一颗心来，不带半根草去"，是他一生伟大人格的真实写照。为了报效祖国，他放弃了哥伦比亚大学升造的机会；为了平民教育，他辞去东南大学教育科主任职务，谢绝了母校金陵大学校长职务的聘请；婉拒担任安徽省、河南省教育厅长的邀请，拒绝了宋美龄力荐的三民主义青年团总干事要职。

陶行知先生淡泊名利还表现在对待金钱上，他常说："公家一文钱，百姓一身汗，用一文钱必问，这一文钱当用吗？"而用自己的钱办教育却毫不吝啬，他在政府任职的丰厚薪水全部作为学校收入，与其他教师一样领微薄的工资，常把自己的稿费用来救济穷苦孩子，甚至把母亲身后的保险金、妹妹祭祀钱拿来献给新安旅行团购买电影机、发动机等。而自己一生四处奔波，居无定所：草棚、破庙、旧碉堡都是他的家，他的几个孩子一直过着与家人分离的动荡生活，儿子晓光为了进无线电修造厂工作，找人搞了一张假文凭，陶行知发觉后立即致电要其追回假文凭，告诫他"宁愿真白丁，不做假秀才"。

对他人是"平等待人、爱憎分明"

陶行知在创办晓庄学校的初期，曾做过一条规定，即全校师生员工一律不准喝酒，违者要进自省室里反省。一次，晓庄的农友请陶校长吃饭，农友们敬他一杯酒，陶行知解释说不能喝，农友们却坚持道："您不喝就是瞧不起我们农民，瞧不起我们就不算我们的朋友。"陶行知没办法，只好把酒喝掉了。农民们非常高兴，把陶校长引为自己的朋友。他们哪里知道，陶行知一返回学校，便立即进自省室里了。以身作则另一方面就是平等待人，同甘共苦。在晓庄师范学校，陶行知和大家一起穿草鞋、挑粪、种田、种菜、养鱼，与农民、学生打成一片。

陶行知有一副名联："千教万教，教人求真；千学万学，学做真人。"陶行知教学生真理，自己首先坚持真理。为追求真理，他不惜牺牲自己的生命。1946年，中国内战危机迫在眉睫，到处白色恐怖，陶行知身处被列入暗杀名单的危险境地，却在上海北站欢送人民代表赴京请愿、要求和平的群众大会上，发表正义演说。他的同事翦伯赞打电话要他提防敌人子弹，他却大义凛然地回答："我等着第三枪！"这是多么大的气概呀。这正是陶行知内在的师德素质放射出的巨大光芒。他博爱，"爱满天下"，但他爱得有原则，爱憎分明。对人民，他无比热爱；对人民的敌人，他疾恶如仇。正因为具备了坚持真理、爱憎分明这样的师德素质，陶行知才能在当时艰苦的环境和复杂的政治背景下，全身心地投入到挽救大众的教育事业改革中，才能建立非凡的功绩。

对学生是"有教无类、爱满天下"

陶行知长达30年的教育生涯，主要精力用在推行平民教育上，无处不体现他"爱满天下"的博大胸襟。他提出："只要有一个人不会读书看报，就是我们有一份责任未尽。"他的学生有工友、农夫、和尚、老妈子、孤儿、穷孩子，甚至还有监狱里的犯人，诚如其所言"凡是我脚迹所到的地方，就是平民教育所到的地方"，祖国大江南北处处留下他风尘仆仆的身影，真是"有教无类、爱满天下"。他在察看一所战时保育院时，亲眼见到阴森、潮湿的地上躺着一群生病的难童，一两个已死去的病孩躺在其中。一些达官贵人选些俏美的难童作干儿女，其余的无人过问。陶行知痛心疾首，回到学校办起难童学校，他说："不管他是麻子、癞痢头或者缺唇，我都要加以特殊培养"。一个偶然的机会，发现一个流浪的癞痢头的难童，有音乐天赋，后来在办育才学校时，经多方打听、派人翻山越岭寻找来，并请法国专家和当地名医治好病，他就是后来成为中央音乐学院指挥系主任、知名音乐家陈贻鑫。

对事业是"知难而进、开拓创新"

陶行知深知中国传统的保守势力的顽固,勇敢地向陈腐的、灌输式的教学方法开刀,改"教授法"为"教学法",提出"先生的责任在教学生学;先生教的法子必须根据学的法子;先生须一面教一面学。"此举如同投向一潭死水的石子,即刻便遭到群起攻之,但他毫不气馁,一面授课、一面撰写论文发表,逐步使大家接受,这些观点至今对教改仍有现实意义。

陶行知在乡村创办晓庄师范,要造就有农夫的身手、科学的头脑、改造社会精神的教师,更是首创,在当时是非常艰苦的事情,成为乡村教育的一面旗帜。被国民党反动派看成眼中钉、肉中刺,不断地遭到土匪恐吓和骚扰,学校两次被查封,陶行知带领师生护校,坚信"晓庄的门可封,他的嘴不可封,他的爱人类和中华民族的心不可封"。遭到国民党反动派通缉后,他发表《陶行知的颜色》给予有力的还击。解除通缉后,又坚强地把晓庄办了下去,成为培养进步青年的摇篮。抗日战争胜利后,陶行知回到上海,立即投入反独裁,争民主,反内战,争和平的斗争。民主战士李公朴、闻一多遭国民党特务暗杀,陶行知被列为黑名单上的第三名。他一面作好了"我等着第三枪"的牺牲准备,一面继续坚持斗争,视死如归,始终站在民主运动的最前列。

陶行知此后创办的"工学团"、"难童学校"、"育才学校"也都是面临双重迫害,克服重重困难办起来的,成为中国近、现代教育史上的伟大创举。

对祖国是"赤胆忠心、鞠躬尽瘁"

陶行知在《自勉并勉同志》一诗中说的"人生天地间,各自有禀赋。为一大事来,做一大事去。"这一大事就是建设独立、富强、民主的祖国。陶行知出身于平民家庭,从小深知穷人吃不饱,上不了学的痛苦,便立志"要使全国人都受到教育"。他在美国完成学习任务后，老师要他留下来继续深造，但他为了完成自己的心愿，毅然回国。经过几年的教育实践，他的人生价值观更明确了，他深深知道，旧中国最大多数是农民，最穷困，最需要文化的也是农民。所以，他发表了《改造全国乡村教育宣言书》，下定决心，要筹募一百万元基金，征集一百万位同志，提倡一百万所学校，改造一百万个乡村，他的目标是叫中国一个个乡村都有新的生命。这是多么伟大的壮举，多么远大的抱负！于是，他放弃教授的优越生活，辞去大学校长的高位，脱去西装穿上草鞋，率领同志在长江边上，燕子矶旁的劳山上开辟了晓庄师范，开展了轰轰烈烈的教育实践活动，也开始实践他的人生理想，直到生命的最后时刻。就在他病逝前不久，当时，国家内战危机迫在眉睫，他身处逆境，但陶先生仍对中国前途抱着乐观的态度，对自己的理想毫不动摇，仍要在上海创办社会大学，函授大学，新闻大学……

窦桂梅的审美人格及其日常生活与教育生活 ／

窦桂梅，女，1967年4月出生，汉族，中共党员。曾从教于吉林省吉林市第一实验小学(副校长)，现任清华附小党总支书记、校长。全国著名特级教师，博士。北京教育学院兼职教授，东北师大、首都师范大学硕士研究生导师，清华大学教育研究院基础教育研究所副所长，国家重点课题语文教材编写组的编委及编写人员。她提出并倡导的小学语文主题课程理论与实践在全国产生很大影响。其"尊重教材，超越教材；立足课堂，超越课堂；尊重教师，超越教师"，这三个超越的教学思想在小学教育中引起了巨大反响。窦桂梅的审美人格体现于四个字：

第一个字：爱

窦桂梅是个情感丰富的女人，用她自己的话说："咱东北女人就是豪爽。"她这种豪爽情感的底色是一个"爱"字。她的这种"爱"不是刻意的追求，而是蓄积已满的自然流露，这种爱已经深深根植于窦老师生命的底蕴之中。

热爱 首先她是个热爱生活的人，从她的穿着打扮、言行举止能看出来。因为爱生活，她特别珍惜自己的工作，觉得能教语文是上天对她的恩赐；因为爱生活，她对教育怀有一腔热情，并由热情生发出一种感动，这种感动又生发出一种不断超越自己的力量；因为爱生活，她是那么执着地深爱着她的孩子们，她虔诚地和她的学生们在课堂上幸福地成长着：她和孩子们一起滚在雪地里打雪仗，给全班七十二个孩子每人一封成长书信，用录像记录着每位孩子宝贵的童年足迹……

挚爱 她是个爱语文的人，三番五次、软磨硬泡说动学校领导终于让自己从一位音乐代课老师转成了数学主科老师，继而又转到了自己梦寐以求的语文学科。因为对语文的挚爱，她肩扛熟睡的女儿，在空荡荡的教室里一遍又一遍地演练自己的课堂技巧，终于在第一次的教学比赛中一炮打响，使昔日的丑小鸭迅速蜕变成今日教坛上的白天鹅。如果没有对语文学科的挚爱，她今天也许是一个平凡的音乐教师，或者还在按部就班地做着数学老师。那么，中国的小学语文界将失去一位领跑者。

博爱 她还将自己宽厚的爱洒给身边的每一个人，她对家乡、对亲人、对朋友、对同事都怀有赤诚而执着的爱。过节，她会千里迢迢背上大包的衣服回家乡散发给乡亲们，她会为了实现对朋友的一句承诺而宁愿累垮自己。她不停地用自己的真心和真情告诉身边的每一个人：猜猜我有多爱你？一个心中溢满爱的女人是个有魅力的女人。

第二个字：情

激情 著名国学大师王国维曾说过："有真性情方有新境界。"窦桂梅是个性情中人。无论有多疲惫，一旦站在讲台上，她便立刻激情四射，她的这种激情犹如一团烈火迅速点燃起学生心中的那团火，把整个课堂烧得沸水滚滚。她说，激情是她的一种状态，这种激情如果放在别人身上也许会觉得肉麻和恶心，但放在她身上就特别自然，因为这是来自于她心底的自然流露。有人这样评价她："窦老师把激情灌注到整个课堂，使课堂像一条奔腾向前的大河，时而蓄势待发，时而汹涌澎湃，时而舒缓有致，我们仿佛和她以及孩子们一起登上她的激情之船，开始了激情之旅，观赏和领略到一派激情之光。"

倾情　　在课堂上的窦桂梅是全情投入，倾情挥洒。她扮演落叶，与扮演小虫、小蚂蚁的孩子们一起趴在地上体会"爬"，和扮演小鱼的孩子们一起钻到桌子地下体验"躲"和"藏"。激昂处她和孩子们一起激昂，缠绵处她和孩子们一起缠绵。高兴处她和孩子们一起击掌，伤心时她和孩子们一起落泪。课堂上的窦桂梅全然把自己也当成了一个孩子，倾情挥洒着童真。

深情　　在课堂上，窦桂梅总能深情地引着孩子渐入佳境，使课堂高潮迭起。上《秋天的怀念》，她不仅让孩子们感受史铁生的好好活，还感受自己的好好活，感受人类的好好活。上《晏子使楚》，她以"规圆矩方"入课，让晏子的形象越来越清晰、丰满，主题越来越鲜明、深刻，最后，归总到"每个人要有尊严地活"，延伸到"尊严来自于由外到内的实力"，上升到"国家的尊严、民族的尊严都建立在由外到内的实力上"这样的高度。最后以一曲雄厚浑圆的《三国演义》片尾曲《历史的天空》结束课堂，像一部大剧的徐徐落幕，"暗淡了刀光剑影，远去了鼓角铮鸣，眼前飞扬着一个个鲜活的面容……岁月啊，你带不走那一串串熟悉的姓名，更带不走人类那永恒的声音……"窦老师用自己深情的歌声把学生、把课堂，也把听课的老师带入了时空的隧道，在绕梁的余音中体会人类永恒的主题：那就是"尊重"。

第三个字：度

温度　无论怎样的气候与环境，窦桂梅老师总能在短短的时间里抓住学生，师生一起用心用情提升课堂的温度。她说，这种温度的提升需要老师的方方面面，特别是老师的"精"、"气"、"神"。窦老师善于捕捉课堂的点滴契机点燃学生的激情："你怎么这么会读书呢？看你把晏子的心理活动都读出来了。""你的回答就是与众不同，别人想到楚王的无礼、傲慢，你则想到楚王的可爱。""我看到你们脸上的这种灿烂的笑了！"就这样，学生的信心被一点点激发，学生的激情被一点点点燃，课堂的温度在一点点提升。

广度　大家都知道语文要积累，但知道不等于做到。窦桂梅老师语重心长地告诉大家："老师们呐，积累就是积德呀！为了我们的孩子，我们要积德呀！"窦老师为了孩子们的积累可以说是"为伊消得人憔悴"。为了课堂教学的广度，窦老师把工夫花在备课上，她认为：老师们好好备课就是最好的培训。为备《晏子使楚》这一课，她翻阅了《晏子春秋》、《战国策》以及中国外交史上的相关资料。正因为有教师课前的醉心投入，才会有课堂的广度和学生视野的宽度。

深度　窦桂梅老师更追求课堂的深度，她注重举一反三，更注重举三反一。主题教学是她课堂的鲜明特色，在她的课堂上，围绕一个主题，品读课文也好，补充材料也好，最后都要引申，要拓展，要升华。《晏子使楚》别的老师把它当成一个历史故事来教，她不，她认为：语文要和学生的生活联系起来，我们的教学不是让学生在语文中获得情感和品格的教育，而是让学生的情感、品格在语文的教学中得到滋养，得到成长。学完《晏子使楚》，两千多年前的晏子和楚王就给我们提供了"尊重"的典范，今天的我们应该如何理解"尊重"？这是一个多么现实而又深刻的主题！窦桂梅老师的温度、广度、深度让语文教学长出的不再是一棵棵小草，而是枝繁叶茂的参天大树。

第四个字：场

牧场　窦桂梅老师说：语文教师要做牧羊人，语文教学要把学生领到水草丰茂的牧场，不是圈养。窦老师用自己的实际教学告诉同行："语文是没有围场的。"教学《晏子使楚》，窦老师又补充了《胯下受辱》和《狼和小羊》两篇文章，通过晏子的"看了看"和韩信的"看了看"进行比较，让同学们明白：晏子的从容因为他背后有一个强大的国家做支撑，而韩信忍受的是个人的屈辱，却锻炼了自己百折不挠的气度。通过重读《狼和小羊》让学生明白：小羊和晏子同样的有理有据有节，但换来的结果却是不一样，所以，要看在什么情况下才能有理有据有节。在课堂上，窦老师适时把《晏子春秋》的古文段提出来，让学生对照阅读，积累成语和典故。窦老师沿着一个主题，把学生慢慢引到了一个水草丰茂的语文牧场，接下来还怕羊儿不吃草吗？

立场　窦桂梅老师强调教师必须要有自己独立的思想，不能盲目跟风追潮。今天强调语言文字训练，于是就对课文条分缕析、满堂训练，明天说要以学生为主体，于是老师就彻底退居一旁，完全由学生主宰课堂。教育极左极右的摇摆，摇掉的将是我们民族的未来。窦桂梅老师毫不客气地将没有思想的男教师比作立不起来的空麻袋，把没有独立思想的女教师比作没人欣赏的空花瓶。她呼吁要做有独立思想、独立人格的老师，这样教出的学生才能有思想，有人格尊严。窦老师坚持自己的立场，又不断反省和充实自己的立场。当年的"三个超越"的提出如一声惊雷，唤醒了小学语文界沉睡的灵魂，但也被有些人批评是"拔着自己的头发想离开地球"，在一片赞扬和批评声中，窦老师潜心钻研，又在"三个超越"的基础上提出"主题教学"，并日臻完善，走向成熟。

磁场　语文教师成为牧羊人的前提条件是要有深厚的文化底蕴。窦老师坦言自己是个爱读书的人，她说："读书是女人最好的化妆品，因为读书能使你变得有内涵，有修养，有风度，这样的女人眼睛里闪烁的是迷人的光彩，这样的老师在课堂上才能纵横捭阖，游刃有余。"俗话说，有实力才有魅力。窦桂梅以她丰厚的积淀、特有的激情、过人的才华、锐敏的智慧、高尚的人格成就了她的魅力，也给我们营造了一个强大的磁场，在这个磁场中我们感受她，学习她，但却难以模仿她。

魏书生的审美人格及其日常生活与教育生活 ╱

魏书生，一名原本只有初中学历，靠自学和实践从一个农村中学教师成为一名全国闻名的教育改革家。他是全国劳动模范，全国优秀班主任，全国中青年有突出贡献的专家，首届"中国十大杰出青年"，辽宁省特级教师，功勋教师，因成绩卓著，六次与邓小平同志合影，九次受到江泽民同志接见，在全国有三十八项社会兼职，先后当选为中共十三大、十四大、十五大代表……热爱三尺讲台，在担任学校校长兼党总支书记期间，甚至在走上盘锦市教委主任兼党组书记领导岗位以后仍然兼课，一年有几个月出外讲学，学生成绩依然在全市名列前茅。魏老师的名言：全心全意享受生活、享受学习、享受工作，享受作为一个小人物的所有快乐！魏书生的教育思想和教学实践均根于其人格特征基础之上。

大度豁达的魏书生

记得魏书生在一次演讲中说：人不要埋怨境遇。命运把你放在皇家花园，你应该长成参天大树；命运把你甩到千山的石头缝中，你应该紧紧地抓住大地，依然生机勃勃，郁郁葱葱。魏书生做到了这一点，因而在他和同事的共同努力下，把一个农村中学变成了全国闻名的省级重点中学，他自己也发愤图强，从这里走向了全国，走向了世界。魏书生要做的工作有很多，读书、写作、教学、管理、演讲、社会工作等，这需要大量的时间，他常说自己最缺的是时间，最不安的是欠"债"太多。可大家理解他，都知道他太累了，太苦了。然而魏书生面对这一切却非常坦然，常能变苦为乐，以豁达、乐此不疲地心情愉快地做好每一件事情，他常常说，读书是享受，写作是享受，教学是享受，散步是享受，生活中的一切一切都可以是享受。

淡泊名利的魏书生

读于月萍著《魏书生评传》，我看到了魏书生的一张要求做教师的申请书：尊敬的领导，我再一次怀着十分恳切的心情，请求组织批准自己去做一名教师。看到各行各业特别是教育战线在党的领导下走向大治的喜人局面，自己却没有机会献上一分力气，心里像有一团火一样熊熊燃烧。我无比焦急地请求领导能体谅到自己的心情，批准自己的申请。只要是教书，不管是到农村一般学校，还是到更困难的偏僻山区的学校，我都会踏踏实实、勤勤恳恳、满腔热情地去干。魏书生是名人，是个精神富有者。不仅是为师者的榜样，也是为官者、为人者的榜样。

为书而生的魏书生

魏书生家里兄弟姊妹团聚时一个保留节目是逛书店，他起初是带着他的弟弟、妹妹们转，弟弟、妹妹们长大了，如今他又带着新一代小书迷们进出书店了。魏书生认为：就如同一个没有饭吃的人会浑身无力一样，一个没有书读的人，必然要灵魂干瘪、精神萎缩。魏书生的读书经历了盲目读——兴趣读——计划读三个阶段。魏书生擅长于写书。他的《班主任工作漫谈》荣获全国第二届教育科学优秀成果二等奖。

敢说真话的魏书生

有一次，有个学生与聊天时问魏书生："老师，以后我一不当官，二不当科学家，要那么高的能力素质有什么用？"魏书生不说建设祖国实现四化那样冠冕堂皇的话，而是

着眼于"人活一生有多不易"这一现实课题，他说："以后你要真能当大官，当那种有大能耐的什么什么家，有些方面缺点啥差点啥，我或许就不让你改了"。魏书生这么一说，学生很奇怪，为什么当大人物反倒可以有毛病呢？魏书生接着说："如果你干到江青康生那个分上，你心理素质不好，脾气暴躁、心胸狭窄，谁提意见你就使劲整谁，没准你那官还能将就着当下去，因为谁都怕你，没人敢得罪你。可如果你是个普通工人，靠力气挣钱养家糊口，你心胸狭窄、脾气暴躁，一句批评也听不进去，你想想吧，哪个领导愿意用你，不用你了，你还怎么挣钱吃饭。所以呀，一个人要想活得顺顺当当，就得有开阔的胸怀，远大的理想、必胜的信心、顽强的意志，这些东西，既能帮助你当好大人物，也能帮你当好小人物，甚至对你当小人物有特殊的重要性。小人物活着尤其艰难，没人顺着你，没人哄着你，你只有具备了各种良好的能力素质，才能遇事看得开，工作做得好。"

事业大成的魏书生

魏书生的成功是多方面的。他的成功至少表现在三个方面：一是人生艺术的成功；二是教育艺术的成功；三是教学艺术的成功。

人生艺术的成功。他常说：人的一生发展犹如一部精彩的多幕剧，有低谷也有高潮。当处在低谷期时，关键要自珍、自重、自持，真正做到"不怨、不怒、不卑"，长守泰然自若的心态。当事业趋向波峰时要不自傲，善待他人，包括对自己有嫉妒情绪的人，艺术地化解一切对立情绪。这是一种"顺时儆省、逆时从容"的人生艺术境界。教育艺术的成功在教育工作中善于运用各种手段和方法。比如他善于激发学生的非智力因素如动机、兴趣、意志等等来培养学生智力因素，如观察力、思维力、注意力、想象力等等，并取得实效，他教育学生制订四部分计划：一是终生奋斗目标；二是十年奋斗目标；三是一年奋斗目标；四是一天工作学习目标。这种计划使学生长计划与短安排相结合,既培养了学生远大的理想,又培养了学生从现在做起的求实精神和良好习惯。魏书生在学生教育上还有一个特点,即从小事抓起,他任教委主任后在盘锦市推行"五个一"活动;即做一分钟家务,写一分钟日记,唱一分钟军歌,昂首挺胸踏步一分钟,搞一分钟记忆力比赛。这"五个一"看似小事,实则是大事,是促进学生德、智、体、美、劳全面发展、加强自我教育的大事。教学艺术的成功学生们的自学意识和自学能力增强,而这种意识和能力恰恰也是"教是为了不教"所要求的;学生们的学习习惯得到改善,学习效率大大提高。

李吉林的审美人格及其日常生活与教育生活 /

李吉林,儿童教育家,全国著名的语文教育专家。1938年5月出生,江苏省南通市人。中共党员。1956年毕业于江苏省南通女子师范学校,毕业后任教于南通师范第二附属小学至今。中学高级教师,江苏省首批特级教师、名教师。李吉林老师长期坚持教学改革,创立了情境教育理论体系及操作体系,得到教育部领导及专家的高度评价,出版了《情境教学理论与实践》等六本专著,发表论文两百多篇。李吉林老师是一位极富教育资质的教师,她之所以成为情境教学的倡导者和带头人,依赖于她独特的人格魅力。

坚忍不拔,愈挫愈勇的斗志

李吉林老师出身贫寒,成绩优异的她放弃了上大学的机会,选择了师范,选择了小学,选择了尽早挣钱养活母亲。但走进了小学的李老师,在做好工作的同时,一边借来大学中文系的教材自学,一边诵读唐诗宋词,走进郭沫若、普希金、泰戈尔……丰富自己的文化,提高自己的涵养。可以说,李老师的大学在小学。和同时代的许多教师一样,李老师也经历过政治劫难。当时正值28岁,一个女性鲜花盛开的时候,一个小学教师最为

宝贵的年华,"文化大革命"来了,她成了"修正主义的黑苗子",成了"小学里的反动学术权威",大字报、批判会、围攻、抄家接踵而至。因为爱儿童,因为努力上进,因为"小荷"已露,于是灾难降临,她只得忍痛把积攒多年的备课笔记和公开课的教案一把火点着了。接着,被"下放"到农村小学。后来搞情境教学实验,要形成体系、形成特色、形成突破,对一个小学老师,谈何容易。但李老师一步一步趟过来了,这是何等的了不起啊!

李老师自己有这样一段记载:"记得在那惶恐不安的日子里,在那些没有星星和月亮的晚上,我常常默默地在灯下读着鲁迅先生的杂文,并常常念着这三句话:第一句是普希金说的:心憧憬着未来;第二句是高尔基讲的:我从小就是在和周围的环境不断斗争中长大的;第三句就是毛泽东所说的:人是要有一点精神的。十年,漫长的十年,惶惶不可终日的三千多个日日夜夜,我没有低头,我没有抛弃自我,我警惕着女人的脆弱和碌碌无为。"正是因为李老师坚忍不拔,学习不止的性格,才使得她几十年没有停止前进的脚步,才有了教育上的一次变革,有了今天的情境教育。

爱产生智慧

李老师常说:"在儿童的心田上,写着明天的诗句。儿童是我的挚爱,儿童是我心灵的寄托。"她爱与她朝夕相处的学生,她爱与她心灵交会的教材,她拥有着对教学的满腔热情。于是有了她几十年如一日的读写不辍,执着追求,有了她的情境教育。

李老师说自己是"长大了的儿童",正是因为"用儿童的眼睛看世界",所以她的教学设计、教学活动都符合、满足儿童的身心发展需要,使儿童像明朝王守仁所说的"趋向鼓舞,中心喜悦,则其进自不能已"。如古诗教学《春晓》、作文《看桂花》,"永远生活在童话中"的大单元主题性活动等,让孩子们欢欣鼓舞,在玩儿中学,在情境中训练,在读写中提高。她曾经说:"面对那一个个年幼的孩子,是那么的纯真可爱,她们如一株株小苗,饥渴地吮吸着知识的甘霖。面对这样的一群孩子,我们必须把自己对教育教学的热情燃烧起来,把孩子的成长,孩子的发展放在首位,真心地关爱他们,只有这样,我们才能蹲下身子,思孩子所想,教孩子所需,在教学方法上不断探索,不断创新,引领孩子真正学有所得。"

在李吉林老师的徒弟中,早些年已被评为特级教师的施建平这样写道:"熟悉李吉林老师的人都说,李老师把爱心分开了两半,一半给了孩子,一半给了孩子的老师。"李老师一直把对青年教师的培养作为自己的一份责任,甘为人梯,为青年教师的成长倾注了心血。为了青年教师的健康成长,她面对面地教,手把手地带,放弃了许许多多的休息时间和休闲假日,在青年教师心目中,李老师不仅是可敬的师长,更是可亲的慈母。所以我觉得李老师不仅是一位优秀的教育工作者,更是一所教师进修学校。

生命不息,成长不止

已古稀之年的李老师,依然像中青年教师一样,每天都正常上班。现在,只要我们打开电脑,点击李吉林,马上就会有许多诸如:"情境教育"、"青教培训"、"李吉林事迹报告会"等诸如此类信息涌入眼帘。"满目青山夕照明",对李老师来说,这"夕照"有如满天朝霞。这正是"生命不息,成长不止"。让我感动的正是她的一辈子成长和警惕自己。人到老年,"从心所欲不逾矩",警惕之心无妨有所放松,然而李老师却不,她说:"我十分警惕老人的封闭,封闭就停滞,停滞就萎缩。"她在《我,长大的儿童》一文中曾提到:我……怀着强烈的求知欲望,什么都想知道,什么都想学。"学习的革命"、"建构主义"的丛书,科学精神与人文主义结合的新论,有关课程的书,脑科学的书,我都想学。即使中国神舟号上天了,4号、5号,什么时候载人,我都关心。美国哥伦比亚号为什么会失事,俄罗斯太平号又怎能准确地在预定地点解体、降落,世界这么大，新知识像浪潮一样向我涌来，我永远只能抓一点芝麻，大西瓜是搬不动了。但能抓一点芝麻，总比两手空空要好得多。……只要像孩子那样，憧憬着未来，敞开自己的心怀，便能不断地呼吸到新的空气，吮吸到新的营养，而这一切都是教孩子所必需的。

教育家的人格风范

有专家指出：今天号称教育家的人不少；而真正称得上教育家的人又太少，但是李吉林老师是真正无愧教育家称号的人。李老师从事情境教育探索，没有刻意追求成名成家；她做这件事的时候，没想到会形成一个学术体系，但是她创立了；开始并不是一心要做一个什么家，但是最后她成为一个了不起的教育家。在她的身上体现着教育家"润物无声"的人格风范。人生的意义就在于看我们能够在多大的程度上，多大的范围内给人以积极的影响。李老师把教育科研和教师培训结合起来，影响了一大批教师。

李老师之所以成为大家，主要是因为长期扎根校园，扎根课堂，坚持操守，忍耐寂寞，对教育、对孩子表现出了一种特别的爱。没有上大学，对她来说不是一件坏事，她有一句话：小学就是她的大学。她把教育当作天职和内在需求，当作一种事业，而不仅仅是一种职业。从《李吉林文集》能看出一种境界。境界决定了她的发展。所以，在她的人生词典中，找不到"急功近利"。

鲁洁的审美人格及其日常生活与教育生活

鲁洁，女，1930年5月生，当代中国著名道德教育研究领域的学术带头人。曾任南京师范大学教育系主任、教育科学研究所所长多年。现为南京师范大学教育科学学院名誉院长，教授、博士生导师，鲁洁先生的学术研究，见证了共和国60多年的教育发展路径，尤其是引领了改革开放30多年中国教育思想和德育课程改革的进程。她的学术研究和学术思想，不只是她个人思想观点的表达，还代表了一个时代，是一个时代教育学术和教育思想演变的缩影和结点。鲁洁教授说："教育这个领域是需要我们每个人用生命去进入的。"生命是完整的，不仅有知识、智慧，更有情感和心灵，因此"教育不仅需要高深的学问、渊博的知识，更需要对人的生命真切的关怀和无穷的挚爱"。鲁洁教授是这样说的，也是这样做的。她站在时代的制高点，以自己的智慧、人格，以自己的生命热情和人文关怀，在她的生命实践与生命体验中，不断地进行着反思和超越，不断地进行着新的创造，为中国的教育贡献着智慧，谱写着她的教育学。鲁洁教授以自身的行动生动地诠释了一个知识分子的良知与历史使命。

立乎其大的学术视野

柏拉图曾经说过，教育在最高意义上就是哲学。而傅立叶的话更像是警示，"在教育的门墙，必要写着，不懂哲学者莫入"。没有哲学的"大局观"，就不会有学术研究的气势与境界。统观鲁洁老师的心路历程，从最初教育学科的建构，到教育社会学、教育文化学的探究，再到道德教育的挈领，其教育哲学都始终是对于人的内心超越与幸福的观照。鲁洁老师之所以每得风气之先，恰恰是因为她对于时代精神的洞悉，而教育哲学无疑提供了这样一种眼光。

以人为本的核心观念

有哲人说，哲学家就是那些终其一生来思考唯一的问题的人。鲁洁老师的教育思想即系于"人"本身。虽然，在不同的历史时期，鲁洁老师对教育问题的研究各有侧重，但有一个贯穿始终的研究主线，那就是对"人之为人"问题的关注。关心人、关心人的

幸福，才是教育研究的根本出发点。鲁洁老师以此来评判种种大行其道的"非教育"或者"反教育"，也以此形成其所处的教育环境的"风气"。施特劳斯曾经指出，哲学家的学术使命就在于打造学校的学术氛围。而鲁洁老师也正以此打造了她所处的学校（且超越于学校）教育研究的学术传统。人们可以批判这种学术观点的正当与否，但从不会有人否认这种学术传统。事实上，鲁洁老师的弟子们都自觉甚至近乎自然地遵循这一传统。这一传统基于鲁洁老师的一种学术信念：任何一位教育研究者，如果他不能首先将人、人的幸福、德性、尊严与卓越作为教育自身的目的，那他所谓的教育就只能是对"人"的拒斥或异化；若他心中没有对"人"的热情、尊重、同情与关切，那么，他还不具有进行教育的资格。教育不是用来改造和加工的手段，而是以"人"作为其自身的目的。

知行合一的精进功夫

知识易得，学养难求。学养之形成，绝非一朝一夕之功。之所以如此，是因为一个人的学养，不仅来自于知识，更是来自于生活的历练与反省。学养形成乃是知行合一的功夫。王阳明曾高论"知行合一"：知之真切笃实处即是行，行之明觉精察处即是知。行而不知，失于鄙陋；知而不行，失于虚蛇。鲁洁老师的教育研究，不仅仅是种学术"研究"，而且也是一种"教育"。教师不是在"研究"教育，而是将"研究"本身视为一种教育的资源。教师不独是教育理想的守望者，还是教育理想的践履者。教师的"教育研究"不独囿于"呼告"，而是切身亲处，身体力行。知行合一，其心一也。

居敬涵泳的人生态度

中国文化传统中的"士"与当代公共知识分子都非常强调社会责任的担当。"士"须修身以教，而当代公共知识分子则致力于公共话语的生产与践履。虽古今不同，但都基于对于人类命运与福祉的深切情怀。换言之，只有当一个人将其学术"当回事"，才能着紧用力，极致精微。朱子所谓"循序渐进、熟读精思、虚心涵泳、切己体察、着紧用力、居敬持志"的读书法，其实并非仅言读书，更是提升个体涵养的法门。如果细心审视理解鲁洁老师的心路历程，便不难看出，她不仅是这个时代教育的批判者与建构者，同时鲁洁老师也将自身作为批判和建构的对象。而这一切均源于鲁洁老师对于时代精神的冷静自知以及对于学术研究的虔敬。

/ 教师审美人格与审美化教学

如今的美育，整体上还基本是艺体学科的美育，而非中小学所有课程的美育，还基本是中小学教师撰写论文获取证书时的美育，而非所有学科教学实践中自觉的美育；还基本是一些名校为更上层次的"锦上添花"式的美育，而非众多一般和薄弱学校改变面貌的"雪中送炭"式的美育。

具有里程碑意义的《中共中央国务院关于深化教育改革全面推进素质教育的决定》中指出：要"将美育融入学校教育全过程"。这一号召，指明了当前学校美育的方向。课堂教学是"学校教育全过程"的中心环节和核心过程。学生在学校所受的教育，主要是通过课堂教学来实现的。我国近现代著名的思想家、教育家蔡元培指出："凡是学校所有的课程，都没有与美育无关的"。大师70多年前的这一论述，广大教师一直感同身受。例如，语文教学中文学作品的艺术美、政治和历史课程中的社会美、地理课程中的自然美等等，无一不是进行美育教学的绝好内容。但是，在过去单纯重视学生应试能力培养的教育中，这些美好的东西都淹没在程式化教学和追求升学率的努力之中。就是语文这一与美育息息相关的人文学科也远离美育。教师在教学目标的设计上，往往只有知识目标、能力目标和未必篇篇都能体现的德育目标，唯独没有自然蕴涵又至关重要的审美目标。就是在时下新课标辅导的时候，尽管语文新课程标准中已列入了美育的维度，并在识字和写字、阅读与写作的阶段目标上提出了审美的要求，但一些新"课标"辅导者也未给美育以应有的重视。其他学科更存在这种情况。无视课程中的美育因素，教师以考试为目的的程式化教学与学生潜在的审美心理预期和必需的美感体验严重背离，这就是各种课程课堂教学的基本现状。蔡元培先生在70多年前提出的教学美育的要求，在新课程改革的今天，该是认真实践的时候了。

/ 审美化教学概述 /

审美化教学的内涵 /

教学审美化是学校美育的自然延伸和纵深发展。它以审美化教学理论为依据，在遵循学科教学规律和特点的基础上，潜心挖掘和艺术把握教学活动中蕴涵的各种审美因素，将教学内容、教学方法、教学手段和教学环境等转化为可供审美的对象，使整个教学活动成为教学内容的内在逻辑美与教学外在形式美和谐一致、静态和动态和谐统一的有机整体，从而大幅度提高教学效率，减轻学习负担，使师生都充分获得身心愉悦和美感体验的一种新的教学过程和教学方法。在这里，"化"字是一个使动词，意为变化、转化，即使教学活动由原来的程式化的非审美状态转化成为令人身心愉悦的审美状态；师生之间与同学之间由原来的非审美关系转化为审美关系，使教学获得新的面目和生机，使教学与审美达到合规律性与合目的性的统一。教学审美化体现教学的一般规律和审美规律的高度融合，是情境原理、情感原理、创新原理等美学原理在教学中的有机渗透和灵活运用，是施教者按照一定的审美观点、审美趣味、审美理想和审美品质，充分挖掘施教媒介（文本）等的审美因素，向受教育者施加审美影响，通过丰富多彩的教学形态和美感的多渠道诱发，从而使学生体验精神愉悦，开启内在情智，激发个性创造的一种最优化教学策略。使教学既符合规律性，又符合目的性，最终达成真、善、美完全交融和统一的境界。其本质核心是，立美创造。教学审美化的内涵包括教学内在因素的审美转化和教学外在形式的审美转化。

审美化教学的理论依据 ／

教学审美化是把普通教学转换成一种特殊的审美活动，有其自身坚实的哲学、美学、心理学和教育学基础。

审美化教学哲学基础是主体间性哲学。代表理论有海德格尔的存在主义主体间性理论，哈贝马斯的交往理论，伽达默尔的对话理论。主体间性哲学是对西方单一主体性哲学的扬弃，单一主体性是从人本体角度而言的，主体间性是指多个主体间的存在样式，它又称交互主体性，共主体性，是解释学、存在主义和后现代哲学的重要概念。主体间性后实践美学认为审美是自由的生存方式，既超越理性又超越感性的人的一种非自觉活动，它实现了存在的本真性，是自我超越现实的另一种生存状态，它使我与世界、与人的关系发生了根本变化，世界与他人不再是异己的客体，而都成为与我交往、对话的主体。在这种主体间性的审美化教学活动中，教与学是受人内在生命需要的驱使，师生双方在受制于知识的逻辑性、因果和时空的必然性的同时，还分享和把玩这种必然性带来的超越的人格自由，师生知、情、意等心理功能处于一种和谐共振的"协洽"状态。

审美化教学美学基础是"情感转移"、"和谐奇异"、"多样统一"、"相容一致"、"简单复杂"、"结构统一"这些美学原理。情感转移原理是指在作品、表演、教学中使读者、观众和听众在思想感情上与作者产生强烈的共鸣，恨作者之所恨，爱作者之所爱；和谐奇异原理指的是美学中单纯统一、对称均衡、协调适应都是和谐的，和谐只有与奇异结合才是完备的美学原理。音乐中谐和音与不谐和音有机统一才最动听；戏剧、小说中情节曲折、冲突尖锐、跌宕起伏才最能打动观众和读者的心灵。在课堂教学中遵循美学上这一和谐奇异原理，在统一的教学目的之下，用语言、动作、演示、答疑、试验、表演、画面等方式代替单调的讲述；用抑扬顿挫、新鲜生动、幽默风趣的教学语言代替平铺直叙的陈辞滥调；用峰回路转、柳暗花明、出奇制胜的教学艺术代替机械呆板的固定程式，这样课堂教学才会美妙生动，异彩纷呈！

"和谐奇异"原理在课堂教学中的运用

著名航空学家冯·卡门上课时常常一边在黑板上写着，一边从容不迫地讲解，可学生常常会非常开心地发现老师掉进了似乎难以解脱的思维陷阱，走入不能自圆其说的死胡同。调皮而聪明的学生们既觉得有趣又为老师担心。就在他们屏息静气、睁大眼睛、等着看老师的笑话时，不知不觉间突然发现老师像玩魔术一般巧妙无比出人意料地把自己从困境中解救了出来！面对此情此景，学生最初的反应是惊奇、静默，尔后是突然领悟、热烈喝彩！深深为老师卓越的教学技巧而骄傲欢呼！这种奇异而又和谐的教学景象留给学生的印象是至深的，其效果自不必说。因为它是美的！

古代思想家老子认为世间万物均统一于"道"的概念之下，"道"是万事万物的集中体现，是最高最完善的多样统一："道生一，一生二，二生三，三生万物。""有无相生，难易相成，长短相形，高下相盈，音声相和，前后相随，恒也。"世界上这样彼此矛盾对立的事物既对立又统一，没有难无所谓易，没有高无所谓下，世界就是由这些矛盾对立的事物所构成的，这是永恒的规律。老子的这一思想是对美学上多样统一原理独特而深刻的阐释。相容一致原理指的是作为理论前提的公理或原理，应当是不相互矛盾的，是相容的；理论与事实应有内在逻辑的一致性。简单复杂原理指的是作为理论前提的公理或原理，彼此是独立的，具有逻辑的简单性；但从简单中又能包容和引申出愈来愈复杂的内容。结构统一原理指的是从理论前提的公理或原理出发，能对该理论体系的各种关系给出论述，形成结构，具有相对统一性。上述"情感转移"、"和谐奇异"、"多样统一"艺术美三原理和"相容一致"、"简单复杂"、"结构统一"科学美三原理，可以成为"教育美"的理论基础，即可以成为"审美——立美"教育模式的理论基础。

审美化教学科学基础是脑科学理论。20世纪60年代以来，最盛行的关于大脑功能定位的理论是大脑的两半球分工说，其主要观点是：大脑左右两半球完全以不同的方式进行思考，左脑对演绎推理、抽象思维、数学运算、形成概念的能力较强；右脑则擅长诸如形象的学习和记忆、图形识别、几何学方面的空间感觉。因此，左脑也被称为理性的脑、知识的脑，右脑也被称为感性的脑、创造的脑。然而，随着科学技术的发展，这一学说的局限性被暴露出来。人们逐渐了解到，在一个特定作业期间，几个不同脑区是同时工作的，并非仅有一个脑区实施一种功能，而是不同的脑区以某种方式结合起来，携手在不同的功能中起作用。

审美化教学心理学基础体现为：第一是审美过程当中的感受和理解。人类的一切认知活动，都离不开对客观事物的反应。审美对象，它给了审美主体的感觉器官，给了它一个美的形象刺激，所以才能够带来不同感官、不同程度的生理上的快感和精神、情感的愉悦；同时审美主题要运用自己本来就有的生活经验和知识，把它参加到审美对象当中去，和它的内容联系起来，从而获得对对象的深刻理解；第二是审美过程中的联想和想象。审美过程当中，由于审美者面对的是很富有吸引力的、启发性的一种美的形象，所以会自然地唤起对事物的种种联想和想象。这些联想和想象是在对审美对象有所感受、有所理解的基础上产生的。它们反过来又会加深感受和理解；第三是审美过程当中的情感活动。情感活动是审美心理当中极为重要的组成部分。因为任何审美过程，如果不能动人以情，那就不能使人产生美感，或者至少这个美感是不深刻的。你对客观事物产生了态度，态度变为生理感觉，生理感觉又被你体验出来，这就叫情感。在美感引起的情感活动当中，有两种基本的情感，就是"惊"和"喜"的结合。"喜"就是审美愉悦、赏心悦目，是一种快感。"惊"是对艺术作品的惊异之感、敬佩之情，它在意识的深层，往往无所觉察。但是，却是审美评估里的很重要的因素，因为艺术美当然属于多种因素的和谐结合，其中最重要的因素就是一个创造力量的外化，这体现了人的本质力量，是人所特有的。美源于生活，源于人对于事物的审美的心理感知，源于人心灵深处的体验和无限创造力。美无处不在，只要我们有善于发现美的眼睛和善于感知美的心理。

审美化教学教育学基础是：第一，教育要适应青少年身心发展规律。教育应适应个体身心的发展的顺序性、阶段性、不平衡性、互补性与个别差异性；第二，学生全面发展的教育目的。全面发展指的是人的劳动能力的全面发展，即人的智力和体力的充分、统一的发展。同时，也包括人的才能、志趣和道德品质的多方面发展。

审美化教学的特征 ╱

审美化教学是美学原理在教学活动中的渗入和具体运用，是融教学规律与审美规律为一体的艺术化教学。它以形象启发与情感愉悦性、自主创造性、系统整体性、动态平衡性、全面开放性、可持续发展性为特点。

形象启发与情感愉悦性

形象启发性是教学审美化区别于其他教学策略的重要标志之一。因为美感总是以感性形象的方式呈现的，离开了形象，就谈不上美。审美化教学的过程可以通过具体、可感、生动的形象和手段，启发学生在感受形象的形式和内容的和谐美中不知不觉地受到陶冶，受到思想的启迪，既进行知识的学习，又发展观察、想象、鉴赏等审美能力。

审美化教学是乐学观在教学过程中的体现。"知之者不如好之者，好之者不如乐之者"。乐学观主张让学生在学习中体验到快乐与满足，让学生从"要我学"转到"我要学"，进入学习的审美境界；乐学观以激发学生情感为前提，接受愉快的情感体验。车尔尼雪夫斯基说："美的事物在人心中所唤起的感觉，是类似我们当着亲爱的人的面前时洋溢于我们心中的那种愉悦。我们无私地爱美，我们欣赏它、喜欢它，如同喜欢我们亲爱的人一样。由此可知美包含着一种可爱的、为我们的心所宝贵的东西。"车尔尼雪夫斯基为我们形象地揭示了美的愉悦性。愉悦性来自于教学活动内容与形式的统一，来自于师生的情感交融。在教学中，要求致力于创造这种愉悦性，使学生主观精神在感知、想象、思维、体验等心理因素共同运动中获得快乐感和满足感，让学生在教学过程中获得享受。

学乐歌　明·王艮

人心本自乐，自将私欲缚。私欲一萌时，良知还自觉。一觉便消除，人心依旧乐。

乐是乐此学，学是学此乐。不乐不是学，不学不是乐。乐然后学，学便然后乐。乐是学，学是乐。呜呼！天下之乐，何如此学；天下之学，何如此乐！

自主创造性

审美化教学的自主创造性对于教师来说体现在教学理论应用于教学实践的过程绝不是机械地对号入座。在教学活动现场，教学实践总会突破教学理论设置的框架，并按照自己的要求，确立起新的应对情景，需要灵活多变的思维策略。教学实践本身具有的强烈的过程性和动态性,决定了它的不确定性,这种不确定性决定教育实践者必须具有从特定教育情境出发思考解决实际问题的能力。"通过实践形成一种问题解决的智慧,它是与每个具体情境相连的,它必须考虑到实践中的各种复杂性,它依赖于随时生成的各种判断与决定,它根据各种不确定的因素而发生改变,它关注各种特别的事件,它随时会在过程中因需要而改变其原定目标。"因此,教师在千差万别的教学现场中的教学实践行为,无法由理论家手把手来传授。教师充分利用自身的精神面貌、文化修养、对阅读教学的独特感受、认识和情感,创造出新颖、多样、丰富的教学活动操作样式,教师在教学过程中应为学生在这种愉悦的学习中发展创造性思维,开发创造潜能,提高创造才能进行创造性地教,促进了学生主动地学,学生的乐学、美学反过来推动教师创造性地教,是教师和学生双方主体意识、主体感情、主体精神的撞击与闪光。

审美化教学的自主创造性对于学生来说体现在心灵的自由与自主的表达状态。自由,心灵就会畅达,甚至可以进入到学习的"巅峰状态",产生突如其来的灵感。自主是由于是学生自愿而学,就会产生特殊的兴趣。有较为宽松的心理环境,相对宽松的自由度,学生敢于表达,乐于表达,师生心情愉悦,才可形成自主学习的"场"。

错误也美丽

作为教育工作者总有一个根深蒂固的观念,认为教育的目的之一:是为了让学生在日后的学习、生活和工作中少犯错误或者是不犯错误。由此看来,"错误"成了我们教育的"敌人"。对此,我也一直坚信不疑。不过,最近耳闻目睹这样一个教例,让我坚信多年的这个观点发生了改变。

某教师在教学《乌鸦喝水》时,组织学生讨论这样一个问题:"乌鸦为什么喝不着瓶子里的水?"经过讨论,绝大部分学生都认为原因有两个:一是瓶子的口太小,乌鸦的嘴伸不进去;二是瓶子里的水太少,乌鸦的嘴够不着。但一位学生不同的意见:"是因为乌鸦的嘴太大了，伸不进瓶子。"教师一愣，随之付之一笑："坐下，再仔细读读课文。"学生满脸不解地坐下，可是不到两分钟，学生又举手了："老师，我说的书上没写。"被打断教学的教师显然有些始料未及，便不耐烦地说："既然书上没写，就不能乱说，必须想清楚再举手，坐下吧！"学生欲辩又止，却也不肯坐下，教师上前，将学生按在座位上……

系统整体性

审美化教学是从人与自身、人与自然和人与社会的系统整体思路来建立整体框架。审美化教学是由教师、学生、教学内容、教学方法、教学环境、教学评价等各种要素构成的系统整体，不仅课堂教学中师生主体和课堂客观环境构成交互影响的有机整体，课堂师生主体之间通过彼此的交互作用，也形成相互适应的有机整体。审美化教学要求构成的每个要素都要充分发挥自身的作用，形成整体合力的功能。这种整体系统性还具体体现在课堂教学与生活情境的统一、教师主导与学生自主的统一、感性经验与理性认知的统一。

动态平衡性

审美化教学作为一个整体系统，其结构与功能、物质和能量的输入与输出都处于相对稳定状态，具有动态平衡性。这种动态平衡指课堂教学主体之间、课堂教学主体与课堂环境之间以及课堂教学与社会环境之间的综合动态平衡。审美化的教学不仅要求教师优化教学内部环境，通过师生之间、生生之间精神交流以及师生与教学内容之间彼此互动而达成能量流动与物质交换，在彼此的信息传递中达于适应、协调与统一；还要求教师在课堂教学过程中，优化外部环境，使课堂教学主体的观念要跟上时代的发展变化，提高课堂教学适应社会环境的能力。

与课堂教学研究一起成长

在与学生一起学习《高大的皂荚树》时，我范读了课文的最后一个自然段，一个男生举手说："老师，你读错了一个字！"显然我并不介意学生指出其错误，平时或许还鼓励学生敢于指出教师的错误，笑着问他："哪儿错了"？"轻烟袅袅"应该读"nǎo nǎo"，你读成了"niǎo niǎo"说到这儿，同学们哄堂大笑，很明显是这个学生指正错了。此时我并没有多想，很随意地甩下一句："以后看拼音要仔细。"就又开始了正常的教学过程。但我发现，在接下来的学习过程中，这个男孩一直涨红着脸，再也没有高高举起过手。或许这只是我的一时疏忽，然而，对这个学生来说，现在的课堂教学环境因此而改变了色彩，他的周围已产生了浓浓的孤立氛围，精神环境的恶化与物质环境不佳同样会产生不良的心理影响。这是对个体的影响，对于集体同样重要，学生之间的情绪或心理体验是敏感的，一旦学生的整体气氛受到压抑，课堂生态平衡便已经恶化了。

——李秀伟选自《当代教育科学》2010.2

全面开放性

审美化教学在教师预先设计和精心安排的基础上，向每个学生开放；教学内容由书本世界向学生的生活世界开放；由注重教学结果的确定性向注重教学过程的不确定性开放；由评价的唯一性向评价的多种可能性开放。

可持续发展性

审美化教学可以实现"教学相长"。师生在课堂中不仅获得了知识与技能，还发展了自身情感、态度与价值观，师生通过提升自己生命的质量与价值促进自身全面协调发展与可持续发展；审美化教学还要解决好课堂教学与社会环境的矛盾，促进社会的可持续发展，个人发展要适应社会发展的需求，个人发展不能危害社会利益，使个体的持续发展与社会的持续发展相互协调,齐头并进。

审美化教学的价值 ∕

审美化教学注重学生个体的发展,充分体现了"以人为本"的现代教育理念。它关注的是"学生学习的过程和方法以及伴随这一过程而产生的积极情感体验和正确的价值观"。因此,审美化教学最直接的价值主要体现在两个方面:

第一,激励情智,诱发兴趣。审美化教学可以有效激发学生学习的内在动机,增强学生的学习兴趣。审美化教学能够满足学生的情感需要、预期、好奇心、求知欲、兴趣、满足他的自尊和自信等。外在动机对学生学习的推动是无法持续太久的,只有有了内在的动力——兴趣,才可以使学习的行为才能够高效地持久下去。学习兴趣是学习积极性中最现实、最活跃的成分,是直接推动学生主动学习的一种内部动力,是热爱学习、产生强烈求知欲的基础。只有当学生自身对学习产生了浓厚的兴趣,才能使整个认识活动兴奋起来,促使他去追求知识,探索科学奥秘。因此,在教学中,要想取得好的效果,就要讲究教学审美艺术,通过各种方法途径激发学生学习的兴趣。

第二,启迪心智,谐悦精神。马斯洛健康心理学告诉我们任何一个健康的人心里都有一些需要当满足了基本需要后更高的需要才会得以出现。审美化教学关注学生情感的满足,当学生的情感需要得到满足后他们才会在和谐的学习环境中轻松、愉快地学习,才会有更高的学习效率;审美化教学过程中强调教师精心设问由此建构师生教学心理的和谐。在教师的精心设问中学生通过彼此争论擦出思维的火花,学生在课堂上学习合作,欢快发现,感受和谐。学生在审美化的教学过程中心灵时而"豁然开朗",时而"茅塞顿开",时而"悠然心会",时而"怦然心动"或者"浮想联翩",时而又"百感交集",时而又达到内心澄明、视野敞亮。

/ 审美化教学践行机制 /

审美化教学的有效实施,需要在人才培育过程中教学各有关要素形成一个有效工作系统。探求审美化教学的践行机制,把握其规律是审美化教学取得现实成效的关键。

审美化教学方法体系的构建 /

审美化教学方法的表现形态

教学方法的多样美。教学方法的单调重复、千篇一律,会破坏审美注意的指向性,容易引发学生的逆反心理。教学方法审美化要适应学生对多样性、新奇性追求的心理,及时为学生提供新鲜感觉。如一堂课内,时而启发提问,时而直观演示,时而组织讨论,时而进行趣味对话,时而指导操作,时而开展小型活动,时而布置新颖的练习等,使学生在多种美的感受中保持最佳情感状态,唤起强烈的寻奥探秘的求知欲望。

教学方法的形象化。教师要善于运用形象直观的教学方法,把知识讲得生动具体、有血有肉,给学生以如临其境、如闻其声、如睹其状的美感。正如夸美纽斯说的,"高级的事物可由低级去代表,不在眼前的可由在眼前的代表,看不见的可由看得见的去代表。"应借助多种艺术形式(诗歌、绘画、音乐等)去启导学生思维和想象,使语言、手势、板书、教具等各种教学手段密切配合,以增强教学的形象性和直观度。

教学方法的创造性。教给学生学习方法,实现知识迁移。德国教育家第斯多惠曾说:"一个劣等教师给人奉送真理,一个优等教师则教人发现真理。"这说明要培养学生创造力,首先要有"授之以法"的创造性,使学生有触类旁通、求取新知的才能,达到"疑难能自决，是非能自辨，斗争能自奋，高精能自探"的境界。在教学过程中要让学生自己动脑动手，体现了"教是为了不教"的教学创新观念。审美化教学中，教师要有意识地设计些有启发性和难度的问题，启导学生质疑释疑，在"疑"的探究中培养能力，发展创造性思维。

审美化教学方法的类型

审美化教学方法多种多样，各有其特点和优势。最具普遍意义和发展潜势的三种方法是情感教学方法、形象教学方法和情境教学法。

情感教学方法。指教师在教学中通过各种途径创设情感氛围，使学生产生情感共鸣，激发学习兴趣，理解相关原理，培养学生情感和规范学生行为的一种教学方法。具体体现在：教师通过研究分析教材挖掘其中的情感因素；教学中，教师要开启学生的心扉，激起学生的学习情感；教师以丰富的情感感染学生的情感世界，以创新教育理念探索情感评价策略。

关注每个学生的情感

我教"加减法的简便算法"一课时，两个教学班我都创设了这样的情景：在班上选择了全班公认数学最优秀的和最差的学生进行口算"比赛"，两组题目如下：第一组：324+198，5968−3999，396+498；第二组：324+200，5968−4000，400+500。比赛的结局当然是成绩差的学生获胜，顿时全班学生从疑惑不解到众愤难平，纷纷举手表达自己的意见，"气愤"比赛的不公平：两组题中，加减整百、整千当然简单一些……

课堂的发展如设计一样顺畅，但是"比赛"学生的表现却令我时至今日仍然不能平静：两名"优秀"学生都在不发表任何意见的基础上独自伤心地哭了，而两名"差生"则表现得大同小异：眼里闪过一丝得意，但是脸上没有一丝的笑容，他们表现出的"宠辱不惊"

令我记忆犹新，那不是许多成大事者追求的境界吗？

当学生自习时，我立即叫过"优生"，向他们进行了简单的解释。课后我向学生道歉（老师没有考虑你们的感受），并重点帮助他们分析了"哭泣"的原因，希望他们在遇到困难时，变得更坚强和从容。对差生我问他们为什么胜了不高兴呢？随即我表扬了他们的进步，鼓励他们继续努力，那时我看到了他们开心的笑容。

形象教学方法。指教师在使学生在获得新知识的过程中，通过各种直观教学手段，提供大量的、生动的感性材料，经过教师语言的直观性，使学生形成形象思维，再通过讲练为主的教学发展到抽象思维的概括，它能形成带有形象化的新概念、新知识。利用歌曲进行教学，利用实物、图片、模型、玩具等直观教具进行教学，利用恰当的游戏引入新课，激发学生兴趣，利用角色表演进行教学，教师还应该按照按照思维规律，根据教学内容设计丰富多样，体现趣味性的口头、笔头竞赛试题。

形象直观分类

（一）实物直观

实物直观又可以分为(1)实物、标本；(2)实验、实习；(3)实地考察(旅行、参观)等。实物直观教学，发源于文艺复兴时期。当时工商业和科学技术的发展要求学校引进自然学科和职业学科，由此导致了实物直观教学的产生。今天，完全可以说，实物直观教学已成为衡量自然科学(主要是物理、化学、生物、地理)和职业教育成功与否的重要指标，并且已经日益渗透到社会科学的教学中去了。

（二）模型直观

模型直观可以有静态、动态之分。静态者，也即我们一般所称的模型，如地理教学中的地球仪、化学教学中的分子结构模型、数学教学中的立体几何模型等。动态者，包括对自然现象或社会事件、人物的模拟。如静态放置的地球仪是个模型，但如果教师用手电筒代表日光，从一定的角度照射地球仪，并转动地球仪(自转)来演示地球的昼夜交替，那么整个过程就是模拟了。通过各种模拟，小小的地球仪能够从地理教学中发挥非常重要的作用。反之，如果没有地球仪，你不难想象地理教学的效率会降低至何种程度。有许多自然事件，我们难以亲身体验，自然模拟便能发挥其重要作用了。坐落在香港尖沙咀的半圆形馆，能够非常逼真地模拟天空中发生的许多自然现象，成为香港学生和市民学习、了解天文学的一本活"教材"。从每天人头攒动、观者如潮的气氛中，你便能感受到自然模拟的教育和娱乐功能了。

社会模拟和角色失常主要用于各种社会、人文学科的教学。在乔以斯和韦尔合著的风靡欧美的《教学模式》中，把它们视为两种教学模式分章论述。社会模拟如汽车驾驶模拟、飞机驾驶模拟、政治竞选模拟、股票市场模拟等，范围十分广泛。国外《1973年社会科学教育联合资料手册》列出了50多种仅仅用于社会常识课的模拟，其应用前景可见一斑。社会模拟与角色扮演有时很难区分。不同的是，社会模拟往往需要模拟装置，以模拟事件为主。角色扮演需要道具和一些辅助设施，模拟的侧重点在于人物。在英语教学中，透过角色扮演进行训练，已被证明为一种行之有效的方法。

(三)图像直观

图像直观包罗了图片、图表、草图、投影、幻灯、电影、电视、计算机等，其中，计算机辅助教学和作为视听媒介的投影、幻灯、电影、录像已经成为电化教育的研究对象，本文不再赘述，笔者希望着重讨论的是图片、图表等在课堂中的运用。

图片、图表、或者草图，无论是在课堂知识的理解、记忆和应用方面，还是在解决各种问题上，其作用都不可低估。苏联教育革新家沙塔洛夫提出的"纲要信号"，就是一种由字母单词、数字或其他信号组成的图表、草图等。作为直观性很强的教学辅助工具，一张图表、草图可以由几个信号组成，也可以是一两句话。它有时囊括教科书中几节乃至几章的内容。

在教学中，除了设计、选择形象直观的材料外，教师还要考虑如何呈现这些材料，以充分调动学生的感官。沙塔洛夫的"纲要信号"教学法，把课堂教学过程分解为六个阶段，其目的之一正在于发挥学生的主动性、积极性。这六个阶段是：(1)教师按教材内容进行详细讲解；(2)出示"纲要信号"进行第二次讲解，突出重点，分析难点，指出各部分知识之间的逻辑联系，并加以概括；(3)把印制好的"纲要信号"分发给学生进行自我消化；(4)要求学生课后按纲要信号所示要点，并对照教材内容进行复习；(5)在下一节新课开始时，先让学生根据记忆默绘前节课的"纲要信号"；(6)让学生在课堂接受检查时按"纲要信号"所示要点回答问题。

实际上，图表、草图等在解决各种问题中的作用已为我们所熟知。中小学的数学应用题，往往要学生借助于草图画出各种已知条件，整体、直观地理解从而找到解决问题的思路。初中代数有理数的分类、大小比较以及不等式组的解集等，都离不开数轴这支"金箍棒"。法国著名教学家、哲学家笛卡尔通过建立二维坐标这个看似简单的直观工具，建立了"解析几何"这门赫赫有名的数学分支学科，成了"数形结合"的一个典范。

(四)语言直观

语文或历史等社会、人文学科中绘声绘色地描述事件，勾画环境，有助于激发学生的兴趣，提高学习效果。一名优秀的语言或历史教师，必然是一位善于驾驭形象语言的大师，这已成为一个确切的事实。另一个需要注意的事实是，理科教学同样需要形象语言。例如，有位老师上对数表的课，她拿了一张纸出来，说："这张纸厚约0.083毫米，现在对折3次，厚度不足1毫米，要是对折30次，请同学们估计一下厚度为多少？"学生活跃起来，纷纷作估计。老师说："我经过计算，这厚度将超过10座珠穆朗玛峰叠起来的高度。"同学们都很惊讶，甚至怀疑。老师列式计算：0.083×2^{30}，告诉学生说："计算2^{30}花费很多时间，而且很容易算错，如果我们学会使用对数表的构造和查对数表的方法就会很便捷了。由于善于运用形象语言，设置问题情景，激发学生动机，这堂课收到了良好的教学效果。至此，我们已对形象直观的分类和运用作了较为详尽的剖析和阐述。此时，若再回过头来体会一下夸美纽斯、布鲁纳等教育名家的名言我们不得不惊叹他们的真知灼见。鉴于目前教育界总体上存在重抽象轻形象的倾向，加强形象教育便显得尤为重要。

——http://www.szonline.net/Channel/201103/20110316/318610_1.html

情境教学法。指在教学过程中，教师有目的地引入或创设具有一定情绪色彩的、以形象为主体的生动具体的场景，以引起学生一定的态度体验，从而帮助学生理解教材，并使学生的心理机能能得到发展的教学方法。情境教学法的核心在于激发学生的情感。情境教学，是在对社会和生活进一步提炼和加工后才影响于学生的。诸如榜样作用、生动形象的语言描绘、课内游戏、角色扮演、诗歌朗诵、绘画、体操、音乐欣赏、旅游观光等等，都是寓教学内容于具体形象的情境之中，其中也就必然存在着潜移默化的暗示作用。

李吉林的中小学语文情境教学法——课堂情境创设

情境教学的目的在于学生，所以首先就要调动学生的积极性。否则，任你是嘴皮磨破，学生们也是无动于衷的。所以在课堂教学中要针对学生的心理，结合课文内容，拓展教学思路，从而激发起学生的情感，创设各种情境，使学生深刻理解课文。

生活情境的创设

中学课本里的不少文章是蕴涵着深情厚谊的，如何让学生体会作品平淡的文字下蕴涵的深情？有的时候，仅仅靠对课文字字句句的分析是难以奏效的。要有一种大语文的观念，跳出课堂，语文要与生活相联系。从课内到课外，然后又从课外再回到课内，这个时候学生对课文的理解已经上了一个台阶。比如在《背影》这一课中，现在的孩子多为独生子，和母亲很好，却对父亲颇多怨言，难以理解课文中的父亲对孩子的一片深情。那么，我们可以先让学生自由诉说自己对父亲的不满，然后和学生讲述自己父亲的一个疼爱自己的小故事，通过老师的故事，他们很快明白，父亲的爱是深沉的，但在表面上往往看不出来。在老师的引导下，学生们纷纷起来述说自己的父亲。创设一种生活情境和情感情境，能取得较好的教学效果。

而在对所学知识的运用上，也决不能满足于对课文的分析上，而要求学生进入生活，去分析生活中的大语文现象。这个时候，同样需要教师通过巧妙的引导，让学生进入生活的情境中。比如在《人类的语言》这一课的教学过程中，针对"人类语言的特点就在于能用变化无穷的语音，表达变化无穷的意义"。不过，课文毕竟是有局限性的，生活中变化无穷的语言比课本上要丰富多彩。我们应该从课本走出来，到生活中去采撷变化无穷的语言之花。同学们在生活中发现了哪些变化无穷的语言呢？学生回答多种多样，如："《中国电视报》，报中国电视"这条广告语把一个报名的一处词序加以变化，宣传了这张报纸的功能；又如：我成绩上升时回到家，爸爸大方地说"吃什么弄什么"，成绩下降时爸爸就不这么说了，而是……"弄什么吃什么"。待学生掌握工具后，由课本走向生活，使课本有限的内容更加丰富多彩，也使得抽象的术语更加直观。更重要的是让学生发现"语言"就在自己身边，会不由自主地开拓语言的"运用环境"，课堂的辐射面就会大大扩展。

表演情境的创设

有的时候利用课文本身具备的戏剧性，创设一种表演情境，从而激发学生，主动而迅速的理解课文。如《皇帝的新装》中，就有一些十分适合表演的素材。骗子织布的动作，老大臣观察的动作，请两位学生现场给全班表演，学生们为了表演，自然对课文是认真地研究。初二《核舟记》里多涉及空间位置，让学生自习课文，把课文分成两个表演场景，一个是苏、黄、佛印神态；一个是两个舟子的神态。分成小组进行表演，学生们认真研究课文，相互讨论，课堂气氛活跃，学生们在笑声和表演中学习课文，从错误的表演中认识自己理解上的偏差，最终得出了正确的表演位置。又如初三的小说单元中《孔乙己》和《范进中举》这两课，都有很好的表演素材。通过表演，教师和学生共同把文字变成可见的情境，自然会加快对课文的理解，同时又锻炼了学生的语言和表达能力。

音乐情境的创设

利用音乐使学生进入课文情境，体会感情，感受意境。音乐与文学本都属于文艺，其中自然有许多相通之处。音乐和文字都是通过一种媒介，唤起客体心中感受，调动过往的经验，重现某种场景或者是感情。两者互有长短，所以在教学时完全可以利用音乐与文字的优势，让学生更好地去体会文章，同时也用另一种方式培养了学生的想象力。

《春》这一课，在教学的过程中，就可以大胆引进音乐。在学生了解课文结构后，可以给学生放瓦格尔纳的《四季组曲》中的《春》部，要求学生闭上眼睛聆听音乐，同时想象课文中的画面。学生通过音乐，仿佛置身于春天的原野之上。初二的《听潮》中涨潮一段，文字激越，可以给学生放古筝曲《战台风》，在同样激昂的古筝曲中，学生自己朗读课文，从中去体会、想象潮水的汹涌。在诗词的教学，更可以多加运用与之相对应的古典名曲来使学生沉醉于诗词的意境中。特别是中国的传统音乐本就与古典诗词密不可分，相互辉映。初二的《送元二使安西》这首诗对初二从未离家的孩子，要他们去体会分别的那种滋味，用语言来激发引导他们的感情进入诗中的情境和意境，实在是有点勉为其难。这个时候，音乐就可以凭借其独特的感染力来使课堂充满那种离愁别绪，可以给学生放古曲《阳光三叠》，在凄凉婉转的音乐中，学生进入诗的意境，自然能体会诗句的妙处。

竞赛情境的创设

每个孩子在自己的内心中总是争强好胜的，渴望表现自己。利用孩子的这种心理，运用竞赛手段，激发竞赛情境。如利用课文中的一些问题，让孩子们以小组为单位进行竞赛，让学生在一种紧张的竞赛情境中去学习，可以最大限度地调动孩子们学习的主动性。初一下册的《挺进报》的教学目标中有要求学生了解伏笔和时间词语的巧妙运用，就可以让学生以小组为单位去寻找文中的前后呼应的伏笔，看谁找得多、快！学生全部的主动性被激发后，就会紧张地去认真阅读课文，寻找答案。同样的也把陈然被捕的时间的问题交给学生去寻找。学生大多都能在这种竞赛的情境下解决问题。

——http://blog.luohuedu.net/blog/348303.aspx

审美化教学评价体系的建构 ╱

教师活动的有效性依赖于教学评价的反馈。法国教育家第斯多惠曾说过："教学艺术的本质不在于传授，而在于激励、唤醒和鼓舞。"审美化教学强化评价的激励、发展功能，选拔功能，把学生的体能、知识技能、学习态度、情意表现和合作精神纳入学习成绩评价的范围，鼓励学生参与评价过程。对教师的教学活动的评价，提倡采用民主的方式，着重评价教学活动的有效性。审美化课堂教学的评价方式具体体现在：

第一，运用多种评价语言，创设最佳学习氛围。在审美化教学中教师评价语言包括口头评价、书面评价，教师对学生的口头评价是评价方式中最直接、最快捷、使用频率最高、影响最大的一种方式，特别是当众口头评价。"你能行！""老师相信你！""你很会说话嘛！"等等，一句简单激励性的评价，张扬了学生的个性，使学生在自由氛围中感受自信，获得和谐的发展。教师一个真诚的微笑，一个夸奖的手势，一个肯定的眼神，一个轻轻的抚摸等等，这些无声的评价同样可以起到此时无声胜有声的效果。

第二，师生共同合作，促进学生学会互相评价。学生之间的互评不但能促进学生之间的交流，使学生养成倾听别人意见，关注他人的良好习惯，而且能发挥学生主动参与评价的意识，提高学生评价的能力。在教学中引导学生用语言说出自己的意见，而且还可以互相交换意见，相互给对方打等级，写评语，让学生相互评价，用学生自己的眼光欣赏同伴的作品，是老师不可替代的，对学生的情感、能力进行培养起到不可替代的作用。

第三，积极自主，形成学生自我评价的能力。使学生作为评价主体，依据一定的标准对自己的期望，品德，发展状况，学习行为与结果及个性特征进行判断与评估，是学生自我认识，自我分析，自我提高的过程.包括学中，学末评估，老师一般也会参照学生自评作出自己对该学生的评价，简单的优良中下已是过去的评估方式，在个性教育的时代，如何挖掘每个学生的自身独特的可塑性的优势，激励引导学生的自信自尊，是值得每个教育者相关者思索的课题。作为老师学生彼此交流的一个微型平台，学生眼中的自己，老师眼中的学生，彼此加强认识，才有助于更好的交流。

第四，学生评老师，促进师生平等对话。学生评价老师，可以使"以学生发展为主体"的生本教育思想得到具体实施，同时还可增强教师的"服务"意识，有利于素质教育的推行。审美化教学强调教师是教育服务者。当学生感受到了满意的服务时，也就是他们对所有服务特征的期望都得到满足或超额满足时，他们就会把教师的整体服务感知为优质，并因此而对学校和教师保持忠诚，从而对学校产生归属感。作为顾客的学生有权评价作为教育服务者的教师。这种评价使教学中知识传递过程更具人性化；师生互动，在师生更多的情感交流中建构更和谐的师生关系。但是也要警惕学生评价教师的副作用，警惕教师为了取悦学生，进而对一些不爱学习、喜欢捣蛋的学生无原则纵容。

让学生评价教师

学生作为教育的主体，评价老师是教师教学反思的一个重要举措，笔者从教几十年，在每学期结束时，都会让学生对老师一学期的教学工作以写信的形式写出评价来，从而分析自己工作中的成就、不足，同时思考出改革计划，提高教学水平，以便使自己的教学工作有较大的突破。如有的同学写道："英语，是我学的最不好的一门功课，一见上英语课，就像孙悟空遇到紧箍咒一样头痛，可您的教学和以往的老师教学不同，因为您的教法灵活，课堂气氛活跃：唱歌、游戏、编顺口溜、表演，使我对英语产生了很大的兴趣，由原来考试不及格到现在的99.5分，我十分感谢您……。"也有的学生写道："有的人上课做小动作，在课堂上批评教育耽误了学生的学习时间，请您在下课时再批评教育好吗？"还有的学生写道："老师，您上课说英语太快，有时我们听不懂，请以后说慢点……"这些教学中存在的问题不正是我让学生写评语的真正的目的吗？这不正是我在以后的教学中需要改进的地方吗？

——http://www.3edu.net/lw/cxjy/lw_111239.html

审美化教学模式 ╱

教学模式是在一定的教学思想理论的指导下，经长期教学实践而定型的教学活动结构及其配套的实施策略。它包含着理论指导、实施原则、活动的结构与程序及操作要领等诸因素统一结合构成的教学活动形式。审美性教学模式是将美作为教学模式建构的最终旨归，并指向学生人格的完善。审美化教学模式的建构者认为，教学模式不仅是提高教育水平的工具，而且教学模式中蕴涵的美还应是教学追求的目标之一。"只有从根本上把学习过程变成审美过程，而不仅仅是改变学习的某些要素，才能解决学习外在于人，成为日益沉重的负担的问题，使学习变成对人的生命的根本肯定，带有愉快而高效的统一性质，促进人的全面发展。"[1]审美性教学模式最具代表性的观点有：罗杰斯的非指导性教学模式，强调深入理解学生的个人经验、感情和意见，设身处地地为学生着想。罗杰斯极为重视移情式理解，强调教师要以咨询者的身份去体验学生所感受到的情感，从而有力地增强课堂气氛，提高教学效果。还有当今在中国的教育改革实践中涌现出的愉快教学模式——激发兴趣，愉快地学；美乐教学模式——审美立美，乐教乐学等，都属于审美性教学模式的范畴。

总之，审美性的教学模式从学生的情感和个性特征入手，立足于学生学习的兴趣和需求，并以美的因素为突破口，在某种程度上达到了教学模式美的境界，可以说是教学模式建构过程中审美精神的萌芽。追求审美精神的教育发掘以及整个教育系统的审美改造和人生意义的根本达成是人对自身本质力量和生命意义的反观追寻，是不断地自我超越，是人类精神追求的最高境界，是一种自由精神，是对人性异化的全面否定。其实，审美性教学模式是处于不断生成之中的，它有一个从发展以至到最终形成的过程，而此时这种较低层次的审美性教学模式仍存在一些不足，不可避免地会出现知识化、机械化、形式化的倾向。例如，在教学模式的建构中，虽强调在教学过程中要注重调动学生的情感和兴趣，但这里对情感的重视只是把它作为服务于学习的手段；虽强调语言学习中的情境与情感体验，但其旨意是使情感作为有助于识记的背景发挥作用。

审美化教学模式应坚持的基本原则主要涉及教学目标、师生关系、教学策略与教学意义几个方面。

[1]　陈建翔.学习审美论[J].教育研究，1994，(2)：62—65.

在教学目标上，注重学生的全面发展

有研究者认为，现代教学论把个性的全面发展作为教学的根本目标。未来的教学更注重把理性与非理性、智力因素与非智力因素紧密结合起来，以教学的完整性去培养学生完整的人格。可见，审美化教学模式的建构目标应全面体现培养目标，促进学生的全面发展。学生的发展不仅包括认知的发展，也包括情感、态度、价值观的发展，包括各种能力的发展以及个性的发展即全面发展。在此种教育理念指导下建构的教学模式，其实施过程将是一个学生于课程、教学不断发挥主体性的过程，是一个师生双方共在的对话过程，也是一个意义不断创生、人格趋向完满的过程。

在师生关系上，实现师生之间的共同理解

审美化教学模式的建构要注重师生对话与交流，在交往主体——师生之间形成共同理解。师生之间的理解既包括对人际关系（包括师生之间的关系和学生之间的关系）的理解，也包括对知识、思想等意义的理解。前者使双方的需要、意图、意见和行动达到一致，使二者相互作用，后者使学生获得知识、思想，使学生在交往关系和相互理解中获得经验与精神生长，获得自我理解。审美化教学模式的核心在于人格心灵的唤醒，是人与人之间精神的契合。因此需要达成师生之间的相互理解，最终实现"期望理解"（教师希望学生所获得的理解）与"实际理解"（学生自己的真实理解）的统一，从而使师生在精神上与知识上达成共识。

在教学策略上，凸显学生的自主性

如果只有教师引导提问而让学生被动接受的知识，只能是死的知识，这种知识不

具迁移力，也不会形成能力。审美化教学模式重视学生自主发展，这是审美精神追求下教学模式的一大特点。以审美精神为追求的教学模式就是提倡以学生原有的知识

背景和经验为基础，围绕教学内容进行师生共同参与的师和生以及生和生的多向度的对话、交流和讨论等活动，充分展现学生学习的主动性，让学习者主动建构自己的知识经验，形成自己的独立见解。

在教学价值上舒展师生的生命意义

在审美精神追求下建构出的教学模式，对于参与者具有个体生命价值，能反映出参与者个体生命逐步成长与完满、生命价值逐步被发觉与展现的景象。对此，教学模式的建构应该关注人的生命和终极价值，舒展学生的生命情感，发挥学生的生命活力，满足学生的生命愿望，引导学生正确认识人的价值、人的生命，培养学生对终极信仰的追求，养成学生的关爱情怀，使他们学会过现代文明生活，促使学生不断地意识、展现并实现自身的生命价值。

可见，追求审美精神的教学模式，其教学目标是以学生人格的完满、精神生活的充盈为目标的，会成为了学生生命中欲罢不能的东西，成为了人人都乐在其中的精神享受，这类教学模式将是以后教学模式建构的方向。这样，教学模式的本真价值被凸显，教学模式精神生成的意义被敞亮，教学模式的使命能真正得到实现。

审美化教学模式具体操作步骤：

第一阶段：进入教学情境——激趣。任何教学都有它的背景，有的是民族或地域的文化背景，有的是创作背景，有的是内容的故事背景，还有的是情感、情绪的氛围背景……这些背景就可以构成教学的特定情境。这一阶段，教师要以恰当的提问或导语，引导学生进入到特定的情境，帮助学生了解所学内容的背景，激发学习兴趣，导入课程。

第二阶段：审美感受教学内容——铺垫。这是教学的核心阶段。在这一阶段，师生将共同对教学内容进行多方面的欣赏、深入的审美，在互动交流的过程中，对教学内容的美感进行挖掘、品味。对教学内容美的深切感受，将唤起学生对之学习的热切渴望；这样的审美体验，能启发学生对教学内容进行有美感的表现；互动交流是本阶段基本的学习方式。教师可以通过设计问题，让学生思考讨论、组织活动让学生参与体验来引发互动交流，和学生一起来发现、体验并享受教学内容中蕴涵的美。绝不能靠教师讲解的方式，直接把"美"教给学生。

第三阶段：尝试表现教学内容——掌握。本阶段是学生在美感动力驱动下，进行的尝试把握教学内容的练习。在前一阶段，经过反复多遍的欣赏与体味，学生对教学内容已经比较熟悉了，因此可以以一种更加自主的方式完成教师根据教学内容设计的问题，教师将学生置于主动学习的位置，不仅能激起学生的兴趣，还能最大限度地调动学生已有的知识能力和技术能力的迁移，使这些能力在问题解决中得到充分提高。

第四阶段：审美表现教学内容——巩固。在这一阶段，学生将对教学内容进行二度创作，审美化教学模式最终的学习效果就是通过本环节来集中体现的。让学生对于所学知识进行具有一定审美性的创造，此阶段并不是"平地起高楼"，而是建立在前面各阶段的学习成果之上，是瓜熟蒂落、水到渠成的结果。这个环节强调的是学生对于所学知识综合运用，体现了审美表现的完整性或多样化，是巩固、整合、拓展与升华的阶段。

审美化课堂教学设计 ╱

教学设计指的是根据教学对象和教学目标，确定合适的教学起点与终点，将教学诸要素有序、优化地安排，形成教学方案的过程。它是一门运用系统方法科学解决教学问题的学问，它以教学效果最优化为目的，以解决教学问题为宗旨。

审美化教学设计应具有以下特征：

第一，审美化课堂教学设计应体现主体生命运动的教学交往之美。教育产生的本原即是人类交往的需要。从师生在教学过程中的角色地位看，交往不仅仅是教学模式或策略，而是作为主体的人的生命运动方式，师生是在交往中体现他的生命活动的。审美化教学中的交往不仅仅是信息的交流，而且还有更多的意义。审美化教学交往是展示师生生命存在的方式，又是一种生存方式和发展方式。因为人带着做人的特性，总是在表现自己（即表达，不一定局限于言语方式），以及创造文本（哪怕是潜在的）。人的生命作为一种活生生的存在，总是在以某一种方式叙述、表达着"我"的生命世界中的感受，表达着生命存在的状况；表达着生命的需要、欲望、意愿……

第二，审美化课堂教学设计应体现教学内容的优化之美。我们常常会看到这样的现象：同样的教材，同样的学生，不同的老师执教，会出现迥然不同的教学效果。其中的原因很多，但是关键一点就是教师处理教学内容的方式不一样。照本宣科，必然会使教学枯燥无味，不得人心。从学生的实际出发，巧妙地优化教学内容，肯定能收到事半功倍的效果。教学不仅仅是为了把知识点传授给学生，更重要的是促进他们知识和技能，过程和方法，情感、态度、价值观的全面提升。这就要求教师摆脱教材的限制，从学生全面发展的高度出发，丰富教材内容，活化教材内容，最大限度地发挥教材的育人功能。在审美化教学中，教师应能够从生活中汲取素材，充实教学内容；能够运用各种教学手段，活化教学内容；能够根据学生认知规律，重组教学内容；能够利用前后知识的联系，澄清教学内容。

外语是什么？

作为一个外语专业的学生，我觉得很倒霉，我觉得外语把我变"傻"了。老师一天到晚教单词语法，同学们的单词都记了好几个笔记本，从早上六点开始读单词、背单词，到晚上十二点写单词、默单词，手里拿的是"单词星火记忆"，衣袋里更塞满了小纸片。因此，同学见了面就"报单词"，一人说中文，另一人说英文，这真是"纯英语环境"！我不禁赞叹！

但我却不想这么做，因为我在中学做多了，难道我要这么做一辈子吗？这样的人生也太稀奇了吧！因此我抛开了单词，从此不去想"可爱"的它们；甚至我也逃课，因为有些课上得太让人难受了，这些东西我自己通过查字典、找资料完全可以解决的。

我发现——小说使我感兴趣，因为一个个惊天动地的爱情故事使我发现了情感的美是如此的伟大与奇妙；散文让我陶醉，里面的每一句话都是智慧的闪烁，这让我饥渴的心灵来点安慰；诗歌也可以指导我寻找的方向，诗歌是美的表达，它指引我寻找生活中的所有的美。

老师还是那个老师，同学还是那个同学，不变的还有无穷的困惑：外语是西方的东西，有吸收和借鉴的必要。我想不会是为了考四、六级而学习的吧，里面应该有数不尽的哲理与享受不尽的美！

——摘自一个大学生的内心独白

第三，审美化课堂教学设计应体现教学过程的起——承——转——合之美。古典诗歌注重"起承转合"的章法与结构谋篇。"起"即一首诗的起句，起到统帅全诗、奠定基调、渲染气氛、铺垫意境的作用；"承"是承接起句，是"起"句的延续、延伸；"转"就是转句，表明诗意的转折变换；"合"则是合笔，是结句，往往有点明主题，收束全诗的作用。审美化教学过程本身存在着一种动态美，犹如一首流动的诗，立体呼应，又好似一座完美的雕塑。教学过程中的起——承——转——合之"起"体现激发兴趣的导入之美；"承"体现水到渠成的衔接之美；"转"体现波澜起伏的转化之美；"合"体现回味无穷的结课之美。

第四，审美化课堂教学设计应体现教学方法的协调之美。教法的和谐美主要指讲、读、练、问、说、写的具体方法的协调美。教学方法要有变化、有配合。"变化"不是搞花架子，不是表面轰轰烈烈、热热闹闹，像魔术师那样搞得人晕头转向，眼花缭乱，而是变得恰到好处。如果说"变化"是指'活"，那么内容就要"实"。"实"而不"活"，教学呆板；"活"而不"实"，教学浮华；既"实"又"活"，教学最佳。

第五，审美化课堂教学设计应体现教学语言抑——扬——顿——挫之美。这里所谓"抑"和"扬"，是就教师教学语言的特点而言的，是指教学语言中节拍的强弱、力度的大小等的交替变换，以及句子长短、语调升降的有规律变化。教学语言的抑扬顿挫可明显增强表达力和感染力，还可引起学生心理的"内模仿"。当我们听到有节奏的声音运动时，不仅注意力集中于它，而且肢体的肌肉，以至循环系统、呼吸系统都会随之引起运动上的变化。人体运动机制的改变，又会引起精神上、情绪上的变化。如讲《一月的哀思》，介绍周总理的丰功伟绩时可用中速平调；讲到人们静静地伫立在长安街的暮色里等待着载周总理遗体的灵车时，要用慢速降调，表示哀痛之情；讲到有人不许我们缅怀周总理伟大的一生时，要用快速升调，表达激愤之情。学生也会随着教师语速语调的变化，在心中激起相应的感情。教师教学语言的抑扬顿挫要有适当的调控，不致过强过弱、过频过缓。做到流畅连贯、富有动感，宛如"嘈嘈切切错杂弹，大珠小珠落玉盘"。现代生理学研究表明；人在一种单调的声音刺激下，大脑皮层会很快地进入抑制状态。而抑扬顿挫、具有节奏感的教学语言，则是打破这种单调的催眠刺激、提高教学效率的有效手段。

第六，审美化课堂教学设计应体现教学系统各要素整体、宏观的和谐之美。教学过程和方法的整体和谐。教学过程是多个教学"单位"的连续运动状态，读、讲、练的"单位"的先后安排。过程与方法的审美化还表现在教学各个教学"单位"之间的协调安排、"单位"运动状态的变化、"过程"与"方法"的和谐配合等方面。如果把审美化教学过程中的每一个"单位"、"方法"看成一个"音符",那么,审美化教学过程与方法的美就具有音乐美的性质,具有节奏美,具有和谐美。这种协调又要与审美主体的生理、心理相对应。从系统科学的观点来看,和谐就是指系统内部各要素的结构以及子系统与母系统的关系处于最佳状态。可见,和谐美就是系统的结构美。教学中存在许多对立因素,不协调的因素,如教与学、讲与练、谈与写、听与说、动手与动口、动手与动脑、知识与能力、语言与思维、课内与课外等;教师的讲述法又有展与收、断与续、纵与横、理与情、序与美、详与略等。要把这些不协调的对立因素纳入一定的结构中,使每一因素在结构中处于合理的地位,才能形成和谐美。

审美化课堂教学管理 ／

课堂是教师实施素质教育的重要场所,也是教师教学改革的主要突破口。审美化教学的教学目标在于培养学生健全和谐的人格,因此,和谐也是审美化课堂教学管理的必然取向。

审美化课堂教学管理基本理念:以人为本

审美化课堂教学管理以人为本的价值理念具有三方面的含义:第一,它是一种对人的人性的全面占有状态的肯定。人只有作为具有尽可能丰富的联系和属性的主体才能从系统的、整体的、全面的角度去从事认识世界的活动。人性是自然性、社会性与精神性的统一体,因此,教师在教育中应自觉实现对人的生存、生活与生命状态的关怀与责任;第二,它凸显人之为人的主体性,在教师课堂管理中,既强调教师自身的主体地位,也强调学生的主体地位;第三,它以有利于人的持续生存和全面发展为价值支点，强调尊重人、解放人和塑造人。尊重人，就是既尊重人的社会价值，又尊重人的个性价值；解放人，就是使人的潜能和能力充分发挥，使之既合客观规律性，又合主观目的性；塑造人，是说既要把人塑造成权利的主体，也要把人塑造成责任的主体。教育应回归其人性完满的本质，教育作为一种饱含对人的生存状态和生活方式以人文关怀的领域，本身就具有伦理意义。如果它不关心学生的存在和生活的意义以及生命价值，还能有什么更值得去关心、去关注和关怀呢?" [1]

审美化课堂教学管理的关键：和而不同的学生管理

促进学生主动参与是课堂管理的关键因素。课堂是一个由教师和几十个有着不同家庭文化背景、不同社区文化背景、不同性格、不同气质的学生结合而成的集体，它实际上是一个"文化生态圈"，建立了良好的课堂"文化生态圈"，便建立了一种有效实施教育的"精神场"。审美化课堂教学管理中，教师应坚持"和而不同"的伦理原则，实现差异伦理与道德共识的和谐。

一方面，课堂作为充满生机与活力、具有鲜明生命取向的系统而独特的社会组织，其内部不同成员间存在着文化的差异，这是教师教学任务完成的动力来源，保证课堂组织具有创新生命力和有效运作的一个前提，也是教师课堂管理个性化的保障；教师在课堂管理中应树立个性化教育目标，它的前提是尊重个性，承认差异。学生是一个个鲜活的个体，有各自不同的兴趣、爱好、潜能和性格，所以教师对待不同的学生必须因材施教，让学生在思想、学习、生活等方面制定自己的奋斗目标，使每个人都在自己原有的基础上取得进步，实现自己定立的个体化目标；另一方面，课堂由若干具有不同自身文化的个体所构成，而要所有成员步调一致地实现教师整个课堂

[1] 陈玉琨主编. 教育——为了人的幸福 [M] . 北京: 教育科学出版社, 2005. 33.

管理的目标，必须依靠维系成员之间的纽带——共同的价值观。共同价值观保证课堂组织存在独特的同一性，它是课堂组织的灵魂，也是维系课堂组织生存发展的精神支柱。它是师生在长时间的共同相处中，通过在价值观上不断的碰撞、磨合最后提炼生成文字而形成的。共同价值观必须移植到课堂成员的心中，内化为他们的内在价值观，才有可能使他们产生与共同价值观相一致的自觉行动。这就要求教师通过言传身教及寓教于乐的课堂管理方式让课堂成员在轻松的氛围中体会到共同价值观的内在涵义。课堂就好比一首乐谱，每个学生好比乐谱上的音符，虽然他们处在不同的位置上，但按照一定的音律排列起来，就可以奏出优美的乐章。

答案不是唯一的

就要教到《小桔灯》一文了，我趁着晚自修的工夫先给学生读冰心一篇散文《寄给父亲》。正读着，我看到一个学生调皮地朝我眨眨眼，用手指着窗外，我不禁有点恼火："什么事"？"月光如水时有满天灿烂的星光吗？"他站起来问道，"有啊，冰心在文中就是这样写的。"其他同学似乎省悟过来，纷纷朝窗外张望，我也探头朝外看。那天正好是十五之夜，一轮圆月高挂苍穹，天际点缀着几颗稀疏的星星。月朗星稀，我怎么没想到呢？我表扬了那学生。

教《小桔灯》一文，又一个学生站起来说："你说文中那只做小桔灯的桔碗有没有破？"这一次我可不敢掉以轻心了，连忙又将原文看了一篇，这一看，倒让我看到了问题，那只完整的桔碗说不定是冰心老奶奶的失误，你想，在一个桔子一端削去一小段皮，要将桔瓣一瓤瓤地从小口中挖出来，那桔碗能不破吗？于是我断言冰心搞错了，有的同学听了我的分析还不住地点头。可有几个学生坚持说那桔碗可以不破的。

第二天，我去上课，只见同学们把手都放在背后，眼里带着丝丝笑意。不知谁喊了一声："一、二、三……"，我的眼前顿时金烂烂的一片；每个同学的手中都高举着一只完整的桔碗! 我一下子怔住了, 教室里发出一阵善意的哄笑声。

——摘自赵慧平, 于信凤等著《强者时代沉思录》, 辽宁人民出版, 1997.

审美化课堂教学管理的核心: 情理相融的课程管理

审美化课堂教学管理中, 教师应努力挖掘课程富含的伦理价值, 只有这样, 整个课堂教学活动才能彰显出应有的伦理品性。教师在课程管理中应既注重情感、情境、情趣等感性因素, 又要凸显文理、学理、道理等理性成分, 力求课堂教学活动入情入理、情理相融, 由此体现课程管理伦理的理论体系意识与生活问题意识的互动。

人是在社会生活中生存与发展的, 生活世界是人生命存在的背景, 它是具体的、现实的、历史的, 因而也是丰富多彩的, 概念化与体系化的科学理论必须建立在人对现实世界直接感知的基础上, "生活世界才是人的故乡, 才是人的生命之根"。[1]教师可以对课程资源进行重新组合和调整, 沟通学生书本世界与生活世界的桥梁, 能用社会文化的生活体验使课堂凸现人文关怀, 还课程以应有的清新、质朴、本色、富于情趣的面目。

当然, 虽然生活世界是科学世界的基础与来源, 科学世界依托并服务于生活世界, 两者的关系是理论与实践的关系, 我们提倡理论联系实践、服务实践、导向实践, 但是, 不主张理论回归实践, 因为这样有悖于人类从生活世界分离出科学世界的初衷, 同时也会妨碍科学世界的发展进程。教育的主导价值在于传承人类文明(即科学世界的人类间接经验), 因此教学应以科学世界的人类间接经验为中心, 努力促进科学世界与学生生活世界的有机融合, 由此实现学生感性人格与理性人格的完整统一。审美化课堂教学管理教师应以教材为依托, 让学生直面教材、研读教材, 从教材出发, 教师根据科学世界自身的逻辑和学生心理发展的水平与规律, 适当引进生活世界的

[1] 李森主编. 现代教育学基础 [M] . 上海: 华东师范大学出版社, 2009.96.

内容与学生自身的生活体验,让教材成为链接课内与课外,沟通校内与校外的桥梁。教师应该将教材用"活",对之进行科学重构与组合,进而提升教材的伦理价值,使课堂不仅仅是师生知识授受的情境,还是师生伦理增进的情境。

中美教育差异的启示

美国学生为能从大学毕业,上了大学才开始认真学习。中国学生为了能考上大学拼命学习,上了大学就不再认真学习。(注:美国的大学是"宽进严出",中国的大学是"严进宽出"。)

美国学生的受教育方式是"放羊",十分轻松。因此他们大多数喜欢异想天开,想象力无比丰富。中国学生的受教育方式是"填鸭",辛苦得很。题海战术他们不怕,怕就怕那种"脑筋急转弯"的问题,因为很多时候他们确实转不过弯来。

美国学生一向不大有数学头脑,不得不长期依赖电子计算器。中国学生都是数学天才,口算心算水平一流。如果中国学生告诉美国学生:我们能够不用计算器做四位的乘除法,甚至能够徒手开平方根,那美国学生看中国学生的眼神,肯定像看见了撒谎的小木偶的长鼻子一样。

如果老师给出同一道题目:"现在是12点整,时针和分针刚好重合在一起。请问,要经过多少时间、时针和分针才能再次重合?"老师话音刚落,美国学生的反应是不约而同地拨动腕上的手表,用这种其实很聪明的"笨方法",看时针和分针什么时候能够再次重合,而在场的中国学生肯定立即拿出笔和纸,埋头列出一大堆公式并开始计算。

——摘自豆苗《美国学生和中国学生的差异》《读者》2003.6.

审美化课堂教学管理的保障:宽严有度的精神环境管理

课堂精神环境是课堂教学中形成的一种师生心理状态,是课堂教学顺利进行的保障。它是课堂教学中的积极的隐性因子，其形成有赖于课堂教学中师生情感的交流，和谐的课堂精神环境不仅对学生学习有很大的影响力，更重要的是影响学生完整个体人格的成长。课堂精神环境是由教师与学生之间相互作用而形成的，同时它又可以促进学生和教师的自我构建，它是一个动态、相互作用的反馈过程，一旦形成这种心理状态，便能形成一种心理压力，对教学活动的开展起到维持、定向作用，从而影响学生的态度、行为和学习效果，使学生由他律向自律的心理机制转化。审美化课堂教学管理应营造一种宽严有度、既严肃又活泼的课堂精神环境，它可以实现教师课堂管理的整体优化，因为这种课堂精神环境并不仅仅指向受教育者本人，它还指向社会，能够在宽严有致的氛围中实现个人与社会双重目的的统一。

一方面，教师在课堂管理中，应给学生适度的自由，让学生的思想与探奇有发挥的空间，在快乐与兴趣中学习；教师消解自身外在权威的严厉，以自身的情感、个人的智慧和言说的魅力作为自己教学的内在吸引力，学生也以此作为自由选择的依据；师生通过友好、民主平等的谈话与交流来相互启迪和追求智慧；学生主动参与课堂教学实践，在教学实践中获得生动、活泼和自由的发展。另一方面，宽松的课堂精神环境所提供的主体自由度不能超越教育许可的道德阈限，否则同样会对受教育者的理性自由构成威胁而失去了课堂管理的伦理意蕴。师生在课堂管理中的情感投入、民主与学习氛围的创建并非仅指师生个人之间的情感行为，师生必须结合自身实际情况以民主的方式制订课堂教学的战略目标与任务，同时以制度的形式把它规定下来，以不可动摇的制约性规范师生的行为，这体现了教师在课堂管理中对客观规律的尊重。教师应恰当运用惩罚、责问等教育方式及时纠正学生的不正当的思想与行为，让学生时时步入正常轨道，不走或少走弯路。

救救孩子

"中国中流的家庭，教孩子大抵只有两种法。其一，是任其跋扈，一点也不管，骂人固可，打人亦无不可，在门内或门前是暴主，是霸王，但到外面，便如失了网的蜘蛛一般，立刻毫无能力。其二，是终日给以冷遇或呵斥，甚而至于打扑，使他畏葸退缩，仿佛一个奴才，一个傀儡，然而父母却美其名曰"听话"，自以为是教育的成功，待到放他到外面来，则如暂出樊笼的小禽，他决不会飞鸣，也不会跳跃。"

——鲁迅《上海的儿童》1933.

教师教学审美转化的基本原则与策略 /

教师教学审美转化的基本原则

荣获诺贝尔物理学奖的杨振宁曾发表"美与物理学"的演讲，认为理论物理学中存在着现象之美、理论描述之美和理论架构之美。海森堡引用拉丁格言"美是真理的光辉"认为"美对于发现真的重要意义在一切时代都得到承认和重视"。这说明我们可以借助美的光辉来找到真理。教师在课堂教学中要实现教学审美转化应坚持的基本原则是——以美启真。它的基本含义即自由直观，它包含知性而大于知性，它是大于知性概念的想象力活动。个体所具有的意识（包括无意识）具有偶然性和自发性，它包含着情感、想象在内的合理性，而与审美相通。它可以表现为灵感、顿悟种种形态，而与以概念、范畴为形态的理性认知相区别。"以美启真"，正是这种领悟、感受、体验和把握，而非普遍、抽象的认识和理解。"以美启真"可以成为对个体独特性的开发，亦即对人的自发性、偶然性的开放，这即是自由。"以美启真"的"美"，应该是指"美"的本质，亦即哲学意义上的"美"，李泽厚先生论定它是"真与善的统一"，也就是合规律性和合目的性的统一。

144

教师教学审美转化的策略

教师教学审美转化的策略包括:

第一,审美与课堂教学目标的有机整合。审美化教育的核心是关注人的发展,以学生的提升为本,促进学生向真向善向美。因此,教师要使教学实现审美转化必须实现三维教学目标有机整合。在"审美化"的教育下,在知识与能力的教学中,重视知识的产生、发展、应用与再发展;重视学生学习的自主性、探究性与合作性,增强学习的自信心与自觉性;重视学习知识的基本方法与方法选择的意义,授学生以"渔";把过程与方法目标的实现渗透在知识与能力的教学之中,使过程与方法目标的实现获得坚实的基质。以教学目标、教学内容、学生的认知规律、教师的素质以及教学条件为依据,重视教与学的方式的配合,选择课堂教学的方式,重视学生活动与训练的设计:保证教学覆盖面和学生参与度。把情感、态度价值观目标的实现融合在知识与能力,过程与方法目标实现的过程之中,使情感、态度价值观目标的实现获得体现的载体。积极创造有利于学习主体尝试选择、参与和体验的机会,让学生在这种尝试的实践行动中形成个性化的情感、态度价值观的认知,形成个人的情感、态度价值观。

三维目标离散的现象透视

三个维度的目标顾此失彼

《语文课程标准》指出,课程目标从知识与能力、过程与方法、情感态度与价值观三个维度来设计。由于目标维度的增多,给广大语文教师带来了很大的挑战,课堂教学中经常发生三维目标顾此失彼的现象。具体表现在:

过多追求语文知识的传授和能力的训练,忽视过程与方法、情感态度与价值观目标。如教学《秋天的雨》这篇课文中"你看,它把黄色给了银杏树,黄黄的叶子像一把小扇子,扇哪扇哪, 扇走了夏天的炎热"一句, 有些教师关注的是这个句子运用了什么修辞手法, 把什么比作什么。在学生说出是比喻句后, 就让学生划出课文中其他的比喻句来读一读。由于没有通过品味、想象等方法让学生感受语言的情味和意蕴, 学生的朗读毫无表情。

过早开展形式多样的非语文活动, 忽视知识与能力、情感态度与价值观目标。如教学《找春天》一课, 在学生认识生字、初读课文后, 有的教师没有让学生潜心会文, 就急于要学生展示课外搜集到的有关春天的资料。但兼顾三个维度后, 课堂气氛十分活跃, 学生有的唱春天的歌曲, 有的跳春天的舞蹈, 有的朗诵春天的诗歌。一节课下来, 学生连课文也没读不通, 更不要说从文本学习中发展语言、升华情感。

过分强调文本的价值观取向, 忽视知识和能力、过程和方法目标。教学《给予树》一课, 在引导学生理解课文大意后, 有的教师便连珠炮似的提出"金吉娅为什么要给陌生女孩买洋娃娃? ""为什么妈妈说金吉娅还送给了我们善良、仁爱、同情和体贴, 以及一个陌生女孩如愿以偿的笑脸呢? ""金吉娅是一个怎么样的人? "等一系列的问题。教学中却没有抓住"只有八岁的金吉娅沉默不语"等语言引导学生通过想像等方法走进金吉娅的内心世界, 激起学生的情感共鸣, 最后留给学生的不是金吉娅的鲜活形象, 而是抽象的文本意义。

三个维度的目标南辕北辙

有一则寓言故事说: 天鹅、虾、梭子鱼一起拉车, 天鹅拼命往天上飞, 虾用力向后倒拖, 梭子鱼使劲往池塘拉, 而车子却停在老地方一动也不动。在三维目标的教学实施中, 也时常发生鹅、虾、梭子鱼拉车的情况:

过程与方法目标和知识与能力目标不吻合。如《花钟》这篇课文中"凌晨四点, 牵牛花吹起了紫色的小喇叭; 五点左右, 艳丽的蔷薇绽开了笑脸……"一段的语言生动形象, 不仅按时间顺序介绍了不同时间里开放的花, 而且同是写花开放的意思说法却不一样。有的教师没有先让学生充分地自读发现，而是采用播放课件让学生欣赏各式各样花开的图片、根据课文内容猜花名的方法来展开阅读。这种图解文字的教学，不仅削弱了学生语言感受力的培养，还阻碍了学生思维想象力的发展。

过程与方法目标和情感态度和价值观目标不相符。如教学《狼牙山五壮士》中"壮烈跳崖"一段，教师让学生自选伙伴合作表演"壮烈跳崖"的情景，学生又要寻找伙伴，又要分配角色，又要设计动作，又要背台词，课堂乱哄哄一片；等到表演时，表演者的动作、表情等不时引起学生的阵阵哄笑，对五壮士的敬佩之情早已抛到九霄云外。

知识与能力目标和情感态度与价值观目标不一致。如《太阳是大家的》这首儿童诗，表现了全世界孩子分享太阳温暖、期望世界和平的主题。不少教师在教学中没有抓住第四节"在别的国家里，也有快乐的小朋友，也有小树和鲜花。我知道，此时，那里的小朋友和鲜花，正在睡梦中等她，盼她……"展开教学，而把第二节"一天中太阳做了多少好事：她把金光往鲜花上洒，她把小树往高处拔；她陪着小朋友在海边戏水，看他们扬起欢乐的浪花……"当作教学重点，抓住"洒""拔"两个字让学生感受语言的准确性，想象"太阳还会做哪些好事"并仿写一句话或一节诗，学生语言和精神没有同构共生。

三个维度的目标油水分离

在三维目标的表述中，知识与能力排在第一位，过程与方法排在第二位，情感态度与价值观排在第三位，课堂教学中出现了三维目标割裂现象：

知识的获得、能力的培养和过程的展开、方法的学习分离。如教学《卡罗纳》一课，有的教师要学生从课文中寻找让自己感动的爱，板书引导学生从描写人物的"语言""神态""动作"的句子中去寻找。这种先教后学的方式，学生所学的知识不是在过程和方法中掌握的，不利于调动学生学习的主动性和培养学生学习的能力。完全可以在学生交流"我本想跟他说几句话，但不知说什么才好就把手放在他的肩膀上，脸贴在他的耳朵上，对他说:'卡罗纳,别哭了。'"一句时点拨引导。

知识的获得、能力的培养和情感态度和价值观的发展分离。如教学《桂林山水》一课,当学生说到"桂林的水真清啊,清得可以看见江底的沙石"一句,有些教师接着就让学生用仿造句子"教室里真____啊,____得____。""公园里的花真____啊,____得____。"训练完后,再继续学习这句话,指导学生感情朗读。虽然学生掌握了"____真____啊,____得____"的句式,但是学生对桂林山水的情感却被人为地分开了。

过程的展开、方法的学习和情感态度与价值观的发展分离。如教学《美丽的小兴安岭》一课时,有的教师带着学生精读描写春天一段,归纳出"找出景物、抓住特点、欣赏词句"的学法,并让学生运用学法合作学习描写夏、秋、冬季三段,最后指导学生有感情地朗读课文,情感态度与价值观没有自然渗透,就像以前的思想教育"穿靴戴帽一样"。

——http://www.gdhsyz.com/html/2007/05/20070502093545-1.htm

第二,营造"教学审美场",它是教学审美化不可或缺的实现条件。"场"具有空间性,在物理学上是物质客观存在的基本形态,与基本粒子有不可分割的关系,如引力场、电磁场,总是依循某种规律以实物形态布满于特定空间。二十世纪以来,场理论的发展不断深化,进一步引申为某一种物理量或数学函数的空间区域本身,已超越了"物质存在形式"的含义,具有了人文的内涵。所谓"教学审美场"是指在教学中师生共同创造的整体审美化的一种氛围和情调,在这种氛围和情调中,教学主体可以淋漓尽致地进行教学美的创造,并将其育人效应发挥到极致。教学审美场带有整体弥散性、无形感染性的心理氛围,涉及众多因素及其组合方式,它主要表现为教师在教学中能够借助审美化教学手段导生入境,用心感受;激法学生情感,使之升华为理性;启悟学生探究实质,发幽探微;由此审美主体、审美客体与审美环境三者之间形成了信息交流、相互作用,相互影响的动态过程,三者构成一个完整而系统的动态主体结构,成为运动着的张力结构模式。

孔子以幽默营建良好的"教学审美场"

孔子在教学中也很幽默。课下聊天,子贡问老师,您觉得我这个人怎么样啊?孔子说,你呀,就像是一件器皿呀。子贡知道老师一向提倡"君子不器",所以他赶紧问老师,那我是什么样的器皿呢?孔子说,你是那种祭祀时装粮食的贵重器皿哟!孔子以此鼓励学生积极向上的进取心。有一次,孔子问子贡,你觉得你和颜回相比谁更优秀呢?子贡说,我哪敢和他比呢?他闻一知十,我不过闻一知二罢了。孔子听了说,何止你不如他哦,我和你都不如他哟!当听出子路鼓瑟缺少中和之气时,孔子开玩笑说,子由呀,你为什么要投到我孔丘门下学鼓瑟呢?当同窗们对子路的鼓瑟技艺不以为然时,孔子又用玩笑的口吻肯定了子路:仲由的手艺很不错哟,他已经达到了"升堂"的境界,只是没有"入室"而已,不能小瞧他哟!面对吾道不行的现实,孔子突发奇想,吾道不行,不如弄个木筏子去海外闯闯。谁会陪我出行呢?恐怕只有子路了。子路一听,喜不自禁,可是老师开玩笑地说,子由呀,你除了比我勇敢,就别无所长!

第三,师生学习美感的形成是教学审美化形成的必要心理条件。美国的教育心理学家克莱德·E曾说:当教师更多地懂得了美的素质怎样深入学生内心的生活,为他们能够有意识地来完善、扩展这种美的方法时,他们也就踏上了教学艺术之路。美是对人的主观需求有功利价值的客观事物的外部形态特征使人产生出的一种快乐感觉,教师如能满足学生在不同情况下所产生的合理的心理需要,就能有效激发学生的学习兴趣。比如:爱的心理需要。教师真挚的爱"投射"到学生的心灵中会唤起学生相应的情感。

新的心理需要。求新是每个学生的欲望，这种心理需要通过诱导发展成为学生的学习兴趣和求知欲。教师在备课时要狠下工夫，内容新，教学方法新、教学手段新、组织形式新激发学生学习兴趣和热情。

乐的心理需要。教师上课时组织教学要轻松、自然、不拘一格，不要把组织纪律变成学生心理上的枷锁。师生始终沉浸在一种轻松愉快的气氛中，产生一种乐感。当然所谓的"轻松"并不是随意的，无规矩的，而是在教师的引导帮助下使用学生的个性得到充分的发挥。最终将"要我学"变为"我要学"的自觉行为。

胜的心理需要。教师要通过一定教学法来培养学生敢于竞争的勇气和信心，激发学生的集体荣誉感。为使多数孩子能体验到胜利的喜悦，使学生也能满足获胜的心理需要。

美的心理需要。满足学生对于教师的仪表美和姿态美、示范讲解美，批评艺术美等心理需求，因此，教师要不断加强自身的美学修养克服自身不美的行动习惯，起到润物细无声的教育作用。

名的心理需要。学生普遍喜欢上有名气的教师，就像消费者喜欢名牌商品一样。现在的学生不仅要求教师是知识的传播者，美育的教育者，而且希望教师是一个知识渊博，有崇高的思想品质高尚的道德风貌，在学校和社会上享有声誉的教师。这就要求教师不断加强职业道德修养，努力提高业务素质，积极探索教育规律，勤奋学习、乐于奉献、教书育人、为人师表，不仅能出色地完成教学与训练任务，还要使自己从一名教书匠成长为专家型教师。只有这样，才能赢得学生的信赖和尊敬。

第四，美的教学形式是审美教学重要的辅助条件。课堂教学是一门艺术，它同所有的艺术门类一样渗透着形式美的因素。如果说内容是构成事物诸要素的总和，形式就是诸要素的结构和显现方式，形式美也就是艺术中可以相对独立的外部形式诸因素的美，是美的内容的感性显现。这种形式美的直观可感性，就是人与艺术的情感纽带。教师在教学实践过程中应当力求教学形式及方法的多样化、新颖化。美的教学形式应当从学生的审美心理及审美特征出发，根据不同年龄、不同层次的学生，进行不同内容、不同形式、不同要求的教学。对于小学低年级的学生来说，由于他们的心理还尚未发育成熟，处于稚嫩状态，这个阶段还谈不上理解力，这便决定了教学形式必须采用"寓教于乐"的教学形式。中学生的心理已逐步走向成熟，这个时期也是他们的世界观、审美观、道德观初步形成的基础时期。因此应采用"启发式"与"互动式"教学形式以培养其"鉴赏美、表现美、创造美"的能力。

/ 教师审美人格与审美化教学的关系 /

在教育长期发展中，作为教师主体素质重要组成部分的教师人格，不断外化为教育内容、手段、方式方法等教育要素。有些人格特质成为教育过程的组成部分，如：教师的声调、热情，教师大胆、坚韧等品质，还有热爱学生等人格品质，或者干脆已经与教育过程密不可分，成为制度化规范化的教育要素，成为教学过程顺利实施的主观保证。就是在现代教育技术高度发达的今天，教师的某些人格品质仍然发挥着独特的教育功能，潜移默化地影响着学生的身心发展，正如我国著名教育心理学家潘菽在批评程序教学的缺陷时所说：再好的机器或程序课本都不能取代教师的作用。只有从教师那里才能学到"神采、才气、风度"，才能学到"人的品德"。因此，教师审美人格能够推动教学审美化的产生；同时，教师审美化教学实践又能够推动教师审美人格的构建。

教师审美人格促进审美化教学的产生 /

教师的审美素养对教学美的创造起关键作用，只是在现实中被有意或无意地忽略了，故有待进一步增强。正如马克思指出的："如果你想得到艺术的享受，那你就必须是一个有艺术修养的人；如果你想感化别人，那你就必须是一个实际上能鼓舞和推动别人的人。"教育研究结果也表明：教育者必须具备一种对美的精细的感觉。你必须热爱美、创造美和维护美（包括自然界的美和你的学生的内心美）。为了更好地进行教学美的创造，每个教师都应有意识地提升自己的审美人格。

具备审美人格的教师会将教学当作艺术看待

美国教学论专家艾斯纳（E. W. Eisner）是艺术活动教学观的典型代表，他指出教学之所以被看成是艺术，主要基于以下4个方面的理由：(1) 教学活动往往需要那种被称作为审美经验的技能和风范；(2) 它包含建立在行动展开过程基础上的质性判断（qualitative judgements）；(3) 它不是常规性的，而是偶发性的和难以预测的；(4) 其成果通常是在过程中被创造的。艾斯纳区分了工艺与艺术，前者是运用技术来获得预定结果的过程，后者是在过程中利用技能通过行为来发现目标。教学艺术家对未预期到的、创造性的内涵留有余地，避免将他们的"教学智慧"（pedagogical intelligence）凝结成机械的、常规化的行为。杜威也主张，教师所进行的教学活动，乃是具有弹性的、有意向的工作，因而深具美与善的含义。所谓艺术性的东西，就是把技能和感情以一种特殊的方式结合起来，使创造的成品赋有一种美。"当教师更多地懂得了美的素质怎样进入人的生活，当他们能够有意识地来完善、扩展这种美的体验的方法时，他们也就踏上了教学艺术之路。在一定意义上说，教学艺术就是成功地创造美的教学"。

教师的审美人格直接影响教学美的创造

具有审美人格的教师，会和谐并富有创造性地投入到教学活动中，不仅把丰富的知识和娴熟的技巧作为教学的手段，而且自觉地使教学按美的规律来进行，使教学提高到审美化的境界。因而他们的教学活动本质上就是美的创造。一个墨守成规的教师对学生创造性的发展无疑是一种近乎灾难的障碍，教育教学是一个太需要研究、太需要智慧去解决的难题了。基于此，作为教师，就需要用自己心灵的手指引导学生触摸天上的星辰。有位教师曾给学生示范作文课的一个片断：伴随着一首校园民谣《童年》，用"秋千"、"夕阳"组成一个句子。一学生说："秋千在夕阳下摇晃。"老师一听，这没有错，可是，总觉得似乎少了些有味道的东西。作为他们的老师，应该怎么回答？刹那间思维的火花在他的脑中闪烁了一下："我们来给它做一个小小的改动。"同学们都睁大眼睛听下文。"夕阳在秋千上摇晃。"老师轻轻地说出了这一句。仅仅改动了一个字，仅仅改动了一下词语的次序，一种与众不同的旋律悠悠然飘扬在课堂中，同学们似乎都为之一振。可见，教师具有较高的审美修养，就会以审美的态度对待普通人视为寻常的教学活动，发现其中所存在的美。而缺乏审美修养的教师，则会对教学活动中所存在的美的事物、美的对象熟视无睹或充耳不闻，从而淹没教学中所存在的美。能否发现和感知教学活动中所存在的美，是衡量一个教师优劣的重要标志，这正如罗丹所说："所谓大师就是这样的人，他们用自己的眼睛看别人看过的东西，在别人司空见惯的东西上能够发现出美来。"

而教师的审美人格对学生具有积极的影响作用，学生在教师审美人格的陶冶下就会逐渐养成审美兴趣、发展审美能力和习惯，最后形成审美修养，从而享受教学中的美，变枯燥的学习为快乐的学习。而师生在感受教学中的美、陶冶教学中的美的同时，就会进一步激发他们追求美、创造美的愿望，开拓新的教学美的天地。同时，教师的审美修养也有助于自己享受教学美创造的幸福感，所谓"审美是发现幸福、创造幸福的重要法宝"。因为幸福能力从某种程度上讲就是一种对主体自由的审美能力。幸福感就是一种生活的美感。因此，缺乏美感的人也一定缺乏幸福感。要收获教育幸福，教师既要有较高的精神境界、创造性的教学能力，还应当具有对教学活动过程和对教学双方的审美能力。

教师审美人格可以推动教师以审美的高度对待学生

学生是教师的审美对象。在教学过程中，教师要以审美的眼光来看到学生的进步，发现学生的闪光点，让学生在教师赞赏的眼光和鼓励声中不断进步；同时，使自己在教学中也有美的感受，从而提高审美能力，为"不断满足受教者的审美需要而进步"。要做一个新时代的教育家，就必须有崇高的理想、宽广的胸怀、博大的善心和非凡的教育艺术。这些都是为了把每一个学生培养成人，而不要以惩罚为目的。中国艺术研究院陈统祥教授讲过一个观点，对于年轻的学生，我们可以明确地指出他们明显的错误，同时也要允许所有的孩子偷偷地自觉地改正他们独自一人时所犯的错误，这是一个教育的原则。在孩子人格或是习惯没有完全养成的情况下，教育中非常重要的原则就是宽容，要容许别人改正错误。而我们在教育中经常使用，或是错误地使用强迫别人改正错误的做法，导致许多孩子走向了反面。可以说大部分"坏孩子"是在没有条件和机会偷偷改正错误的情况下越走越远的。我们教育工作者，对待孩子的错误一定要有一颗真正崇高的善心。对受伤的心灵、迷途的羔羊应该有极度的宽容。在很多情况下，对孩子独自一人时所犯的错误，应该把门关起来以后再教育，不要在大庭广众之下把学生犯的错误公之于众。"教育的成功和失败往往决定于教师，教师能救人也能伤人，能让人开心，也能让人丢脸，教师可以是启发灵感的媒介，也可以是制造痛苦的工具。"学会了审美的教师，在其目光中的学生没有不美的；反过来，被教师审美目光普照的学生，也会变得越来越美。

教师诗意地生活，是教学诗意化的必要条件

只有教师生活诗意化了，课堂教学才能真正诗意化，学生也才能有诗意的生活。

教师诗意地生活，这绝不是虚无缥缈的海市蜃楼，像于漪、李镇西等大批优秀教师的生活和教学就是诗意的，连他们的学生的生活也都是诗意的。朱永新教授在其《我的教育理想》中认为："教育是一首诗，可以是田园诗，可以是古体诗，也可以是抒情诗，有各种各样的情调和内涵……理想的教师首先应该是一个胸怀理想，充满激情和诗意的教师……教育的每一天都是新的，每一天的内涵与主题都不同，只有具有强烈的冲动、愿望、使命感、责任感，才能提出问题，才会自找'麻烦'，也才能拥有诗意的教育生活。"这里，关键是像歌德所说的，"要了解但丁，我们就必须把自己提升到但丁的水平"。特级教师窦桂梅说得好："理想的风筝飞得高远，是由于实践的线索柔韧。因此，教师专业探索表现在'思想的技术'也好，'技术的思想'也罢，都必须是'紧贴地面而行'。与其描述千万遍花儿的美，不如让自己一瓣一瓣地开放。"一方面，教师的生活固然要受到现实条件的制约，不能耽于幻想，但另一方面也确实需要有点浪漫主义的情怀，超越现实功利的困惑，追求一些精神的东西，否则就会被纯粹的现实功利越陷越深，以致不能自拔。

诗意生活的教师是人格统一的教师

有两名教师，年龄，家庭，教育，对手工技艺的天分，几乎是一样的。但是，两个人的经历是不一样的：

一个在学术上专横霸道，轻易下结论而不求探索，对任何人的反馈态度以一种模糊的轻视态度作为回应，只对手工艺感兴趣，他处于一个自我分裂状态；

一个把对手工业技术的天赋转到学术上来，融入到学习和教学中，在他的教学中，把观点联系渗透与环环相扣的精细教学中，他的教学是一个完整的，不分裂的自身认同的整合状态。

审美化的教学对于教师而言实际上就是在全心全意编织完整的自我的过程，编织一张有凝聚力的网，把学生、学科统统编织到自我之中，每个人的生活经历的细节都得到教师的充分尊重。教师在认同自我的同时也认同他人，教师在不断自我完善的同时也带动他人不断完善。这样的优秀教师，就有了教学的心灵了。

教师的审美人格总在人文细节中表现

教育，说到底就是细节的艺术。高尔基说："应该采用微小而具有特征的事物，制成巨大的和典型的事物——这就是文学的任务。"日本教育学者指出："教师在教学过程中的教态，教师对学生的反应所做出的表情和发言，或者教师对学生的服饰和遣词之类的生活态度的注意等，所有这一切，都对学生的人格形成，具有重大影响。"生活正是由一个个细节串联起来的，物质的细节和精神的细节。细节可以是一根链条，细节也可以是一瓶润滑剂，而所谓的人文精神，就是体现在一个个琐碎的细节之中。细节的变化，使我们原本粗糙的生活，多了一点浪漫，多了一点温馨，也多了一点人性色彩。有两个观光团到日本伊豆半岛旅游，路况很坏，到处都是坑洞。其中一位导游连声抱歉，说路面简直像麻子一样。而另一个导游却诗意盎然地对游客说："诸位，我们现在走的这条路，正是赫赫有名的伊豆迷人的酒窝大道。"可见，虽是同样的情况，然而不同的理念，就会产生不同的态度。思想是何等奇妙的事，如何去想，决定权在你。有审美的眼光，才成就了细节的魅力。清华大学附属小学特级教师窦桂梅认为："教育是需要真诚支持的，是需要善良加盟的，是需要智慧提升的——所有这些都是靠细节组成的。如果细节忽视了，再好的流程设计只能留有遗憾。"美在细节，这是教学美创造过程中应遵循的原则之一。

教师审美情趣有利于化非审美因素为审美因素，优化教学效果

审美经常被理解为"有趣味"，或者"维系于优雅的趣味"。教学行为有着严格的

规范，各科教材也都是遵循认识规律，主要从认识的角度考虑编定（包括音乐、美术、语文中的文学部分），绝大部分教材均非审美因素构成，充满灰色的理性。这当然与正处于青春激情阶段的学生（特别是中小学生）有距离。缩短以致消除这个距离，只能寄望于教师的审美情趣。苏霍姆林斯基曾说，有意识地创造培养学生情感素养的环境，这是最细腻的教学艺术的领域，也是教师审美素养的体现。而优秀教师总能借助审美情趣，将教材与课堂的灰色气氛转化为明丽欢快的色彩。法国后现代主义最早的代表人物让·弗朗索瓦·利奥塔（Jean-Francis Lyotard）曾写过一句耐人寻味的名言："对于一个婴儿来说，母亲的脸想必是一处风景。"同理，对于一个学生来说，老师的脸想必也是一处"风景"吧！当老师的脸充满对学生真诚的抚慰和呵护，用微笑温暖心灵晦暗处，将融化多少冰点，溶入多少理解和尊重。所以，如果有了失望，尽量不要将忧伤写进明亮的双眼；如果有了无奈，尽量不要把苦恼刻在思索的眉间；如果有了急躁，尽量不要让威吓布满两腮；如果有了愤怒，尽量不要让讽刺出于嘴边。让老师那春风般充满爱意的脸，每日都成为学生心中的一道风景吧！学生的心醉在景中，情与情交融，将显现生命的多姿多彩。

审美化教学实践促进了审美化教师人格的构建／

教师的主体性审美人格是由教师自身自觉能动的教育教学实践凝铸而成的，是教师在教育教学实践中持续不断地与社会环境、教育情境进行交互作用的产物。教师审美人格是教师在审美化教学实践中对科学与真理的求真、求能、求新的追求中不断生成的；教师的审美人格是教师在教育教学实践中不断地与教育对象、其他教师及教育情境中其他在场或不在场的教育实践者进行彼此对话、共同磋商，从而能动生成的；教师的审美人格是教师在持续不断地反思自身教学经验的过程中逐步确认的。教师能动性的教学实践既激活了作为外部世界的教育对象、教师他人及各种教育资源，同时更激活了自身的各种潜能，使自身审美人格发展的各个方面由发展的可能转化成为发展的现实。可以说，教师的审美人格中无论是自我意识、创造性品质及是非判断能力、批判精神和意志品质的形成，都是教师在长期的教育教学实践中自主建构的。

在审美化教学实践中教师在对科学与真理的追求中成就自身审美人格

求知　学风是一个人的人格品质和精神风貌在对待科学真理态度上的集中体现和反映。教师要把学生引入科学真理的殿堂，自己首先应有勇于探求真理的精神，勤于获取真知的态度，心胸开阔，学识渊博，睿智深远。因此，教师应不断学习科学文化知识，刻苦钻研教学业务，努力使自己具有专博相济的知识结构。从纵向上讲，教师应学有专长，对自己所任学科教学有较深的钻研；从横向上讲，教师应具有较为开阔的科学视野，具有广博的知识；从发展上讲，教师应随着时代和科技发展而不断更新知识，汲取新知。只有这样，教师才能不断提高自己的学识水平，适应教育教学改革的需要。

求能　教书育人是教师的职责，要教好书、育好人，教师必须坚持不懈地练好教学基本功，不断探索教育的规律和技巧，努力提高自身的业务水平，增强育人能力。一般来说，教师应具备以下几个方面的能力：第一，扎实过硬的基本功。教师要会说一口流利的普通话，能写一手工整流畅的"三笔字"（毛笔字、粉笔字、钢笔字），能利用现代化的电教手段进行教学，能通过现代信息技术获取教育信息，能撰写好科研文章等。第二，语言表达能力。语言是教师传递教学信息的重要媒体，教师应掌握语言的艺术，学会说话的技巧，使自己的语言准确、生动、简明、形象，具有科学性、教育性、启发性和生动性。第三，课堂驾驭能力。教师能根据课标、教材、学生要求，制订较为合理的教学计划，能科学组织教学过程，运用生动活泼的方法教学，教学效果好。第四，教育科研能力。包括信息处理能力、归纳推理能力和创新求异能力等。当前大力推进的素质教育，要求教师要由"教书匠"转变为"研究型"、"学者型"教师。这就要求教师要积极参与教育改革与实践，不断积累总结经验，再把经验由感性认识上升到理性认识，按照教育规律教书育人，增强工作的自觉性，减少盲目性。

求新　教育工作是一门科学，要想提高教育质量，教师必须加强教育研究，不断探索创新。首先要更新教育观念，自觉摒弃那些不合时宜的陈旧教育观，不断更新自己的课程观、教学观、人才观、质量观，注重发展学生个性，发挥学生在教育中的主体作用，让课堂焕发出新的活力，为学生的全面发展和终身学习打下良好的基础。其次，教师要重视终身学习，更新知识，开阔视野，成为自觉的终身学习者。再次，教师要脚踏实地开展教育研究与实践，以求真务实的态度创造性的进行研究，努力做新课程条件下的知识传授者，学生自主学习的促进者，教育过程的研究者。

教师在审美化教学实践中在对科学与真理的求真、求能、求新的追求中不断生成自我和谐的审美人格。

在审美的、与世界的交流和共享的教学实践中建构教师审美人格

在教师个体与其赖以生存的社会共同体之间始终存在着一种相互关系，这种相互关系是"作为自我的两个方面的'主我'与'客我'"的相互作用，"客我"体现共同体中他人的态度，是自我对他人对自我的期望的内在化，他代表自我的被动性、社会性的一面，而"主我"则代表自我主动性的、生物性的一面。教师在教育实践的参与中，主动接纳共同体中他人的态度，采用共同体普遍认可的行为方式，从而在承认他人中承认自身，维护自我的存在，使自己成为共同体中的一员，这是"客我"的一面；而同时

教师个体又"以属于一个共同体这样一种合作过程中表现他自己，成为他自己"。教师个体一方面采取教师共同体及学生他者所期望的态度和方式行动，同时又从自身的特点出发，在具体的教育环境中携带富有个人特点的教育教学方式作用于教师共同体和学生。教师的主体人格就是在这样一种交流与共享的实践过程中逐步建构和完善的。教育实践的主体际性必然使得教师的本身价值在教育对象——学生主体人格的建构中日渐凸现，教育实践造就了受教育者主体，亦促进了教育自身的主体人格的建构。

为此，教师将自身积极主动地投入到社会实践和教育教学实践之中，采取一种开放的姿态，与教育世界之外的他者，与教育世界之内的教育对象、其他教师及其他在场或不在场的教育实践者进行当下的或历时的主体际交往，就会在体察他人的思想、观念、情感的过程中学会体察自身，在理解和关怀他人的过程中学会理解和关怀自己。这样一来，每个教师就能在与不同教育情境的交往对象的交流和共享中不断地发现自我、他人和社会，自觉地调整自我发展的方向，优化自身教育实践的策略，学会对自己的行为反应施加恰当的控制，从而建构起与时代要求相契合的教师主体人格。

教师成长的现实告诉我们，一个教师在开始从教时，对于做什么样的教师、想怎样实现自己，可能怀有明确的想法。每个教师或许想以自己曾十分钦佩的某个教师为榜样加以模仿，或许通过避免所有教过我的老师的缺陷来建构自己。也许一个教师确实热爱自己心目中的教师这一角色，想以独特方式与学生打交道，极力想把课上得生动活泼，甚至可能认为学生会特别喜欢上自己的课。这类自我建构，开始时可能起点作用，但是久而久之都会化为灰烬。这个现实警示我们，一个教师认为自己愿意当什么样的教师与教学中面临的实际情况之间，存在着深刻的不协调，并给教师提出了特殊挑战，即一个教师能不能成为一个真正的教育者，并不取决于教师本人及其自我理解，而必须在自己与当下面对的事物之间的关系中求得，这就意味着教师必须走出自我中心,关爱世界、关爱他人、关爱自己的学生,不是事先决定好怎样让他们成为自己所希望的样子,而是以这样的方式接受他们——接受教师自身与教育中他者之间彼此的局限性,而不只是想象中的可能性。如此,我们才能与教育中之他者达到经验共享,师生之间相互引导,臻于成熟,贡献各自的才干。

在审美化教学实践中教师通过自我审视和反思确认自身审美人格

教师审美人格的形成意味着其人格尊严的获得和职业生命力的生成,意味着其独特的、有别于他者的社会形象和地位的确立。这就要求教师成为一个自身实践的研究者,通过对自身教育实践的研究,提高教师对自身实践的自觉意识,促进教师对自身行动的理解,从而提高教师教育教学的理性程度,既改进了教育教学实践,亦促进了教师自身教育观念的转变、教育行为的不断改善。教师通过教育教学实践,在实践中不断对自我实践的经验进行自我审视和反思,就能不断加深对教育教学规律的认识,不断提高自身的教育教学的能力和水平,以适应不断发展变化着的社会和教育对象对教育的要求。

反思就是对自身教学实践的各环节进行再分析和再评价,是教师对自身存在的教育观念和实践行为的能动反省和剖析;反思是从教师个体实际教学活动出发的自我解剖,更是教师群体的合作探讨、协作提升。通过不断反思可以克服我们头脑中陈旧落后的教育观念,形成科学的教育理念;通过不断反思可以革除我们习惯性的、无效的教育教学方式,形成更为快捷高效的教育教学策略和行为。

而教师反思的起点则是教师自我实践中的"问题",因为"反思作为自我认识和实践,只有以自我实践中所暴露的问题为基础和前提,才是有力量和有效果的"。这种教师自我实践中的"问题"整合了教师内在的深层的意识结构中对教育教学的习惯性观

念和与之相应的外在行为方式，只有通过教师自身的教育教学实践，在实践中，教师的教育观念和相应的行为习惯经受有意的挑战，在遭遇挫折和碰壁之后，才会引发教师的理论迷惘和实践困惑，从而进一步激发教师对自我实践的审视和反思。这种反思既不是对教师某些不合时宜的教育教学行为的就事论事的改进，也不是对教师某些过时的教育观念的流于空泛形式的改造和更新，而是以对"教师自我实践中的问题"为载体的观念与行为相统一的关联整体的反省和剖析。具体地说，教师对教育教学的实践反思包括以下几个方面：

广泛收集资料，筛选反思对象

教师须在日常工作中有意识地积累自己的教育教学经验，并从习以为常的教育现象、教育事件中筛选出问题性经验作为批判性分析的对象。教师可以通过课后备课收集教学中的反馈信息加以修改和完善教案，明确课堂改进的方向和措施；也可以通过写日记的方式记录自己每天的教学工作中存在的经验和教训、问题和缺点；还可以在上课和作业批改后主动征求和了解学生意见，并详尽记录教学背景、效果、上课的具体感觉以及存在的问题，这一环节可以帮助教师逐步形成"挑剔问题"的意识，使教学过程中的问题充分显示出来，为有针对性地制订改进计划创造良好条件。

围绕"问题"搜集相关信息，形成对问题情境的明确分析框架

针对从教学实践中"挑剔"出来的问题，教师一方面在自己已有的知识中搜集与之相关的信息，另一方面须通过查阅专业书籍来获取相应信息，还可以通过请教其他教师或相关的专业人员来获取信息。通过对与问题相关的各类信息的分析与综合，形成对问题情境的明确分析框架，建立起各种假设来剖析以往教学实践中的现象，对相应问题作出解释，从而使存在的问题得以解决，使成功的经验得以提炼和升华。

把握反思程序和内容，改进和提升教学的观念和行为方式

教师可以通过课后备课对自己课前预定的教学目标和要求的实现程度进行自我

解读和反省,发现成功经验,找出存在问题。在此基础上探寻与成功体验和存在问题相对应的教学情境、师生行为、情感体验,并对行为背后所隐含的师生双方的信念、价值观(教师的教育观、学生的学习观)等进行深刻的剖析,归结出成功的原因,使成功经验得以提升;解析出问题的症结所在,从而明确教育教学的改进方向和策略。教师还可以通过相互间的观摩与分析,交流各自从不同视角所观察到的教学情境的描述,在集思广益中、在共商共享中、在你、我的平等互惠的对话中进行协作反思,既促进教师个体教育思想、教育观念的更新,为教师个体寻找解决问题的新思想、新策略提供丰富的素材,同时又为教师共同体的发展增添了鲜活生动的范例。由此,教师在持续不断地对于自身教学经验反思的过程中逐步确认自我主体审美人格的存在。

总之,审美化教学实践能够推动审美化教师人格的构建。人为现实社会存在物的人,社会化是其生存和参与正常社会生活的必要途径,而个体获得社会职业意识与职业角色是个体社会化的集中体现。个体社会化的基本途径即实践,实践是将外在之我与内在之我联系起来的中介,是人自我本质力量的直观确证。正如古希腊哲学家亚里士多德所说:"实践表达着逻各斯(人的内在理性),表达着人作为一个整体的品质。"[1]教师正是在审美化教育教学实践中肯定、确证、生成根于现实的审美自我。

[1] 亚里士多德.尼各马可.伦理学[M].廖申白译.北京:商务印书馆.2003.

/ 教师审美人格与审美化德育

现代德育本质上逐渐走向了一种知识化、思维化的知性德育。这种知性德育肇始于西方教育的理性主义传统，借着近现代科学技术发展和科学主义思潮的强大推动而逐渐形成，并成为一种现代德育潮流。它是对古代神性德育的超越，但随着现代社会的进一步发展，也逐渐暴露了种种弊端：即重解决认知问题，轻解决行为问题，内容与形式割裂，只重品德的形式结构而舍弃了丰富的文化内容，远离生活世界，在虚构的"道德应用题"中学习道德等问题。道德教育原本是生活世界的一部分，是与人们的生产、生活过程融为一体的。人的德性发展与智性发展有着本质的不同：人们可以与社会生活隔离开来集中学习知识经验，却不能与社会生活相隔离去学习道德。道德是社会生活的规范和准则，真正的学习必须在社会生活过程中进行。教育要通过生活才能发出力量而成为真正的教育。德育同样也要而且必须通过生活发出力量才能成为真正的德育。学校德育与社会生活以及学生生活的隔离阻断了学生德性发展的源泉和渠道，理论说教无异于缘木求鱼。现存的知性道德教育模式尚属于外塑型或灌输型，这一范式的优点和缺点都在于在这个多元价值特征日益明显

的时代向青少年提供了一个道德人生思索的绝对参照系。过分露骨的功利性、不问对象的教学以及教育者本身的双重人格形象等等都使中国的德育在某种程度上走向了反道德和反教育的境地。所以"提高德育实效"遂成为改革开放十余年来经久不息的呼吁。

经过一项对家长们的粗略调查发现：如今，竟有约七成的中学生家长，感觉与孩子存在"距离"与"隔膜"，有的甚至无从沟通；有近六成感到子女与家庭成员间的"亲情淡化"了。中华女性网文章指出，目前，中学生较为普遍的存在着一种心理冷漠化的现象。不少中学生感叹"情感失落"："在学校，课间十分钟最短暂，回到家，厕所里最温暖。""爸妈问话不耐烦，只愿独居小房间。""网上聊天好惬意，身旁难得一知己"诸如此类的校园民谣，如今正在学生中间流行着。

最近，某中学进行学生情感状况调查，结果表明：当今青少年情感的荒漠化倾向应该引起社会关注，青少年情感教育的缺失值得忧虑。调查发现，约有63%的学生不知道父母的生日，近43%的学生不知道父母的年龄，还有4名学生说不能准确写出父母的姓名，76%学生从未给父母祝贺过生日。而与此形成鲜明对比的是：父母年年都给自己过生日的却高达93%。另有72%左右的学生不了解父母的兴趣爱好、生活习惯等，能在家里经常从事家务劳动的中学生也不到58%，住校生中约有17%的同学经常将换洗衣物拎回家由父母代劳，住校生中有近38%的同学不会独自完成诸如洗衣、做饭等日常劳动。

偶像崇拜项答卷显示：十大崇拜偶像中，父母"不幸"榜上无名，然而当红的歌星、影星却有五位，占半壁江山；另有28%的学生选择了"自我崇拜"，选择崇拜父母的学生只有6.5%。反差强烈的是：相当多的中学生可以淡忘父母的年龄、生日，但对自己钟爱的明星、偶像的情况甚至包括其星座、嗜好、血型等，却耳熟能详、津津乐道，其关心程度真可谓事无巨细、无微不至，而且许多中学生会不假思索、如数家珍地说出明星们的身高、外号、英文名、生日、体重、爱好等。

"德"与"美"的关系历来被人们所关注，尤其对我国这个向来十分重视德治、德育的国家来讲，美育从一开始在很大程度上可以说是为德育服务的。美对道德的促进作用概括来讲在于审美活动中所固有的情感的潜移默化性和主体的自由自觉性恰恰是真正的道德产生的前提。当美的事物树立在面前，人的情感和意识会牢牢地被它所攫取和吸引，产生的这种巨大的感染力和渗透性往往是理性的认识和理解活动等所不能及的，因此审美化的德育能够很好地引发学生的道德情感以促进德性的产生。审美化德育能够扭转我国目前道德教育中灌输、说教等机械、强制的教育模式，能催生人们作为一个真正的"道德的人的兴趣"，达到促使人的真正的德性产生的目的。因此在这样的背景下提出道德教育的审美化问题就更显其理论和实践意义。审美化德育还可以打破专业屏障，使专业人员和非专业人员都能在德育中自由演说。走向道德教育的审美境界是道德教育实效取得与提高的必由之路。

/ 审美化德育概述 /

审美化德育的内涵 /

审美化德育，也称诗意德育，是弥补知性德育的不足而提出的一个重要概念。它指的是在德育活动中将美感与道德思想相结合，德育手段、德育过程进行艺术性的改造，把德育内容美、德育活动美、德育形式美的欣赏和创造和谐统一起来，使学生在审美活动中自觉主动地接受教育，寓教于美，寓教于乐；使学生在不知不觉中达到情感上的认同，接受教育内容，达到教育目的；使学生的精神境界在潜移默化中得到提高与升华，变原来枯燥的道德说教为学生主动愉快的追求，使德育真正实现真、善、美的有机统一，升华学生的道德境界，促进学生的思想道德品质和谐健康成长。

审美化德育的理论依据

德育审美化，并不否认美育与德育二者在本质上的区别，也无意用美育去取代德育。其主要是针对目前学校德育的误区，探索德育实施中如何用美的精神观照德育理念，让美的精神渗透到整个德育过程，将德育和美育更好地融会于一体，以提高德育的实效。德育审美化的理论依据是：德育与审美本身在结构上有一定的契合之处，表现如下：

第一，道德认识与审美感知相促进。道德认识常常是诉诸理性，强调通过"晓之以理"和一些规范来指导人们的行为，强调逻辑思维。而审美感知对事物的认识，一般从直观形象起步，较多借助形象思维。逻辑思维和形象思维是人们认识世界的两种基本思维方式。现代脑科学研究的成果和无数事实表明，它们常常是互相交融、互相补充的。德育如若过于偏重理性，总是习惯于说教和灌输，则使得德育难以让人心服，甚至引起学生的排斥和反感。而形象思维能借助形、情、境等手段，唤起学生的学习热情，促进学生的整体反应能力，使其心灵在形式感受、意义领悟和价值体验中达到一种和谐的状态，并在轻松的气氛和舒畅的心情下获得兴趣和满足，从而增强所学知识的理解和记忆，激起对真理的追求以及探究真理的勇气。

形象化的德育

"有谁愿意到年级公布栏看看，我们班是否获得'周文明班'？""小谢，麻烦你到年级公布栏看看，我们年级多少个班获得'文明班'？""小谢，麻烦你再到年级公布栏看看，我们班哪几项扣了分，比别的班弱？"老师在德育课上一连向学生提出了三个要求。

小谢跑上跑下，气喘吁吁。可第三次的时候，他和同学们都莫名其妙了。班主任葫芦里卖什么药啊？接着，老师在屏幕上呈现出微型小说《差别》，提出一个问题：为什么阿诺德和布鲁诺同时同工同酬受雇于一家店铺，前者青云直上，后者原地踏步，差别在哪里？讨论后形成共识：真正的差别在于对工作的主动和被动。很自然引出并感悟班会主题《我主动，我成功》，在孩子们心里来了个小小的"地震"。

第二，道德情感与审美情感相融合。道德可以分为显性的道德和隐性的道德，处在显性层面的道德对于道德主体来说，还只是外在的规范；处在隐性层面的道德则已经成为道德主体心灵深处的道德律令。道德内化就是从显性道德向隐性道德转化的过程。道德内化的实现是一个非常复杂的过程，需要道德主体对于道德规范产生道德情感，经过长时间的涵养实践，进而使得道德规范成为道德主体的道德人格。道德情感指从一定的道德规范、道德观念出发去评价人的某种社会道德行为而产生的情感体验，是施教者与受教育者双向互动达到的情感沟通；审美情感是审美的具体对象作用于审美主体所唤起的情感反应，是审美客体与审美主体之间的情感共鸣。审美情感是由美的形象所引起的，但它能超越狭隘的功利主义，使理性渗透于感性的个体存在之中，达到情与理的高度融合，是满足人的社会性需要与人的理智、道德感交织在一起的高级情感。而道德情感（如荣誉感、耻辱感等）则属于情感的较高层次，是一种社会性情感。审美情感与道德情感这种既不相等而又有重叠的关系使二者的交织成为可能。在现实中，审美情感的体验、激活和道德情感的陶冶、激发经常是重叠的。比如，当我们看到奥运会上，祖国运动健儿奋力拼搏，打破纪录，为国争光的时候，会由衷地对他们产生敬意（即产生道德感），也会引起我们对他们的一种由衷的喜爱与赞叹

（即美感）。这种情感体验、激发的过程可以说是道德学习过程，又是一种审美过程，我们同时体会到了荣誉感、力量感，感受到了不畏艰难、自强不息的精神。

罗森塔尔的启示

1966年，美国心理学家罗森塔尔教授进行过一个有名的教育实验。他来到一所乡村小学，声称是来学校预测"未来杰出人才"的。他先给各年级的学生做语言能力和推理能力的测验，测完之后，他交给校方一份名单，说名单上的孩子很有潜力，将来可能比其他学生更有出息。从此，被罗森塔尔教授肯定的学生不仅自己认为将来一定有出息，连老师都另眼相看。8个月后，罗森塔尔再次来到这所学校。奇迹出现了，他随机指定的那20%的学生成绩有了显著提高。罗森塔尔教授到底是怎么预测出来的呐？在全体教师大会上，他揭开了谜底：原来那张名单根本就不是根据测验结果定的，而是根据学校学生的花名册，采用随机的方法，每隔50名同学抽取一个而罗列出来的。

第三，道德境界与审美境界相统一。这里指的是道德的理想境界与审美的理想境界是相统一的。道德的理想境界就是要让道德成为人们自觉自由意志的体现。主体已经认识到了道德与人类的崇高与尊严之间的必然联系，他履行社会道德要求不仅是自觉自愿的，而且成为他心灵的一种内在需要。这种内在需要已经不是出于某种外在功利的考虑，也不是纯粹自我约束、自我控制的结果，而已经成为一种行为习惯。而审美的境界是自由的、超越的。黑格尔说："审美带有令人解放的性质。"在自由审美状态中，审美主体完全可以摆脱现实和利害计较，可以以旁观者的身份，与对象保持一定的心理距离，反观人生和世相，在静思默想中获得一种"忘我"的精神领悟。也正是因为道德的理想境界与审美的理想境界是统一的，所以，德育活动与审美实践在根本目标上具有内在一致性。德育作为一种社会教育现象和教育力量，根本目标就是要把一定社会、一定阶级的价值观、道德规范内化为学生的内在品质，帮助学生树立是与非、善与恶、美与丑等道德观念，从而完善其道德人格。审美教育是培养人的正确的审美观和感受美、表现美、创造美的能力。绝不仅仅是解决关于美丑的浅层次问题，而是要解决深层次的心理结构问题，最终达到育人的目的。因此说，德育与审美的根本目标都是为了塑造理想的人格，培养学生高尚的情操，追求真、善、美的统一，塑造全面和谐发展的有用人才。

审美化德育的特征 ／

审美化德育是作为一种弥补理性德育不足的模式提出来。所谓审美化德育就是以使德育焕发审美魅力为出发点，以提升学生道德境界为价值取向，充分尊重学生的主体地位，将审美教育与学校德育融成一体，让学生在审美文化的熏陶下，学会用美的眼光审视生活，从而自建其德的主体化、生活化、诗意化教育活动。简言之即德育的主体化、德育的生活化、德育的诗意化。

德育的主体化

马克思主义认为，人的主体性是指人作为活动主体的根本属性和本质特征，具体表现为能动性、创造性和自主性。审美化德育是主体性德育，是以满足学生发展需要为出发点，按照学生的自然天性，在德育的组织和实施中，调动和激发学生的自主性、能动性和创造性，让他们对周围的世界充满旺盛的想象力，具有诚挚的情感，保持独立个性，保持对自然、对社会、对自我充满幻想，充满热情，怀着诗意般的生活态度，从而优化其人文品质，使学生的内心世界更加辽阔、清醒、充实。

陶行知与四个糖果的故事

有一个男生用泥块砸自己班上的男生，被校长陶行知发现制止后，命令他放学时到校长室去。放学后，陶行知来到校长室，男生早已等着挨训了。可是陶行知却笑着掏出一颗糖果送给他，说："这是奖给你的，因为你按时来到这里，而我却迟到了。"男生惊疑地接过糖果。随后陶行知又掏出第二颗糖果放到他的手里，说："这是奖励你的，因为我不让你打人时，你立即住手了，这说明你很尊重我，我应该奖你。"男生更惊疑了。这时陶行知又掏出第三颗糖果塞到男生手里，说："我调查过了，你用泥块砸那些男生，是因为他们欺负女生；你砸他们说明你很正直善良，且有跟坏人作斗争的勇气，应该奖励你啊！"男生感动极了，他流着眼泪后悔地喊道："陶校长，我错了，我砸的不是坏人，而是同学……"陶行知满意地笑了，他随即掏出第四颗糖果递过来，说："为你正确地认识自己的错误，我再奖给你一块糖果，我没有多的糖果了，我们的谈话也可以结束了。"

德育的生活化

生活德育是人性化的德育，是以人为本的德育，生活德育的本性不再是管理、控制、约束人，而是对人性的唤醒和对人性的尊重；生活德育把开放性原则贯彻到我们德育的方方面面，打破校园德育代替全部德育的格局，实现社会德育，让学生走出校园，走进社会，走进生活，这是一种开放的德育；生活德育则注重实践，回到了德育的本真。从道德的产生来看，人生活在社会上，任何人都要和别人交往，与社会发生联系。因此，为了维护社会生活的安定，需要调节人们之间的相互关系，解决产生的矛盾，要求人们对自己的思想、行为进行约束，于是就初步形成了一些社会行为规范和准则，就产生了道德。可见，道德原本就来源于生活并体现在生活世界中，道德教育离不开生活。生活德育要求学生在实践中体验道德并外化为德行，这是德育的原本之意。

审美化德育是在生活中对学生进行的教育

有一天，一个学生在课堂上问苏格拉底，怎样才能成为像苏格拉底那样学识渊博的学者。苏格拉底没有直接作答，只是说："今天我们只做一件最简单也是最容易的事，每个人把胳膊尽量往前甩，然后再尽量往后甩。"苏格拉底示范了一遍，说："从今天开始，大家每天做三百下，能做到吗？"学生们都笑了："这么简单的事，有什么做不到的？"过了一个月，苏格拉底问学生："哪些同学坚持了？"教室里有百分之九十的学生举起了手。一年过后，苏格拉底再次问学生："请告诉我，最简单的甩手动作，有哪几位同学坚持做到了今天？"这时整个教室里只有一个学生举起了手，这个学生就是后来成为著名哲学家的柏拉图。

德育的诗意化

所谓诗意指的是像诗里表达的那样给人以美感的意境。德育的诗意化指的是通过探索一条适合于中小学学生生动活泼、全面主动发展的路子，寻找一条有利于在学校德育的主阵地——课堂教学中切实落实素质教育目标的有效途径。同时，在马克思主义实践观的指导下，努力建构符合时代需要的诗意德育的理论框架与原理，以诗为依托，张扬德育的诗意魅力。具体来说：其一，用典雅的诗意文化潜移默化影响学生心灵，春诗秋情，作育幼苗；其二，注重想象力的自由驰骋，让学生对现实永远保持一种新鲜活泼的情感体验，学会用诗意的眼光审视周围的世界，优化道德品质，升华道德境界；其三，全面运用现代德育学、现代文学、语文教学研究成果，将新"诗教"与学校德育融为一体，使新"诗教"成为进一步加强学校德育工作，探索增强学校德育实效性的新途径。

寓德育于诗

一

曲阜市实验中学校长王玉贞给孔维薇同学参展的《菊花图》题诗："簇簇东篱菊/傲霜恣意开/丹青谁妙手/移将纸上来？"这样来传递自己对教育的思考，对孩子们的期待；表达对学校的爱，对师生的爱。用诗歌表达自己真诚的心，自由地抒写美好灵魂的声响。孔维薇同学看到校长的题诗，兴奋莫名，并将其视作珍宝，立志收藏终生。

二

曲阜市实验中学校长英语老师陈儒亭是班主任，他把对学生的爱浓缩进诗行，念给同学们听："同学/在我的眼里/你是一朵花/我已把你悄悄地/戴在了心上/尽管你花托下的刺儿/刺得我的心隐隐作痛/但是没关系/我忍着/直到有一天/我热诚的血浆/把你的刺软化了/吸收了/那时候/你就是世上最完美的花了/同学/在我的眼里/你是一朵花/我已把你悄悄地/戴在了心上"

这首诗发表在《中国教师》杂志上。"诗者，志之所之也。在心为志，发言为诗"。学生读懂了老师的心志，感于心而得教化。这种教化，如绵绵春雨"随风潜入夜，润物细无声"。英语老师陈儒亭的诗自然而真诚，他的拳拳爱心，款款流向学生心田。当学生真切而又幸福地感受到那份美得没有任何杂质的爱时，心灵也融入到诗意的陈老师的心里，并从心底与行动中给予最纯真的回应。这样的教育效果，比大而化之地作多少次思想工作都要见效得多。

审美化德育的价值 ╱

促进学生身心健康的人本价值

人是教育的中心，也是教育的目的；人是教育的出发点，也是教育的归宿；人是教育的基础，也是教育的根本。一切教育都必须以人为本，这是现代教育的基本价值。审美化德育具有"以人为本"的本体价值，具体表现为三方面的含义：第一，它是一种对人的人性的全面占有状态的肯定。人只有作为具有尽可能丰富的联系和属性的主体才能从系统的、整体的、全面的角度去从事认识世界的活动。人性是自然性、社会性与精神性的统一体，因此，审美德育中教师能够自觉实现对人的生存、生活与生命状态的关怀与责任；第二，审美德育凸显人之为人的主体性。在审美德育中，既强调教师自身的主体地位，也强调学生的主体地位；第三，审美化德育以有利于人的持续生存和全面发展为价值支点，强调尊重人、解放人和塑造人。尊重人，就是既尊重人的社会价值，又尊重人的个性价值；解放人，就是使人的潜能和能力充分发挥，使之既合客观规律性，又合主观目的性；塑造人，是说既要把人塑造成权利的主体，也要把人塑造成责任的主体。审美化德育强调回归其人性完满的本质，"教育作为一种饱含对人的生存状态和生活方式以人文关怀的领域，本身就具有伦理意义。如果它不关心学生的存在和生活的意义以及生命价值，还能有什么更值得去关心、去关注和关怀呢？"[1]

建构魅力德育方式的实践价值

审美化德育是从生态哲学观视角下审视和构建德育，这是一种魅力德育方式。它从三重生态观、体验本体观、和谐价值观和生命样态观综合考察德育的价值形态，并借由洞开体验者的生命感觉之门，去实现体验者和导引者健康饱满的生命样态。审美化德育方式呈现出丰富多彩的德育体验活动和课堂德育生态。审美化德育方式会将体验者置身于一定的三重生态关系及生态情境之中，在圆融互摄的状态下全息感受、理解和领悟三重生态关系及其结构与功能的生态生灭之道，经历内心感动，诱发和生成生态智慧、生态意识和生态能力的一种过程和境界。生态体验可以诱发和唤醒体验者的生态阅历，产生震撼心灵、感动生命的德育效果。在审美化德育过程中，我们应遵循人的德性成长需要和特点，遵循德育过程的基本规律，科学匹配、有机偶合而形成有效力的生态体验场。在审美化德育实践中，作为感性个体的人在其现有生态阅历

[1] 陈玉琨主编. 教育——为了人的幸福 [M]. 北京: 教育科学出版社, 2005. 33.

的基础上，唤醒和发展其生态潜能，不断领悟自己内部世界与外部世界之间错综复杂的矛盾冲突关系，人类及其个体与自然界、人类社会和文化精神保持多样性的内在之"道"，能够以积极的态度面对现实，自觉调整心态，主动优化德育中各种生态关系，为构建和谐的德育模式进而为构建和谐社会作出应有的贡献。

谁的教育方式最受学生欢迎

1999年10月，联合国教科文组织下属的一个工作机构在日本东京组织了一次国际中小学教师、学生联欢活动，共有20个国家和地区的410位教师、学生参加，其中教师208人，学生202人。我国从北京、西安、上海选派了9名教师和9名学生参加这次活动。

联欢活动历时6天，先后开展了五项活动，其中有一项活动是评选最受欢迎的教育方式。主持者设计了一个问题，要求所有教师都做简单回答。这个问题是：大杰克和小杰克是孪生兄弟，都是14岁，正在学校读书。他们家离学校比较远，家长给他们配了一辆轻型汽车作为交通工具，让他们开车上学、回家。这兄弟俩由于晚上贪玩，好睡懒觉，经常迟到，虽经多次批评，还是我行我素。有一天上午考试，尽管老师事先警告他们不许迟到，但他们因在路上玩耍，还是迟到了30分钟。老师查问原因，他们谎称汽车在路上爆胎，到维修店补胎误了时间。老师半信半疑，但没有发作，让他们进教室后就悄悄到车库检查他们的汽车，发现四个轮胎都蒙着厚厚的灰尘，没有被拆卸的痕迹。很明显，补胎是他们编出来的谎话。

问：假设你是杰克兄弟俩的老师，你将怎么处理？

208位教师认真思考，积极作答，都在规定的半小时内交上了答卷。主持人经过认真分析整理，从208份答卷中归纳出25种处理方式。其中主要的方式如下：

中国式的处理方法是：一是当面进行严肃批评，责令写出检讨；二是取消他们参加当年各种先进评比的资格；三是报告家长。

美国式的处理方法是：幽他一默——对兄弟俩说："假设今天上午不是考试而是吃冰淇淋和热狗，你们的车就不会在路上爆胎。"

日本式的处理方法是：把兄弟俩分开询问，对坦白者给予赞扬奖励，对坚持谎言者严厉处罚。

英国式的处理方法是：小事一件，置之不理。

韩国式的处理方法是：把真相告诉家长和全体学生，请家长对孩子严加监督，让全班学生讨论，引以为戒。

新加坡式的处理方法是：让他们自己打自己的嘴巴10下。

俄罗斯式的处理方法是：给兄弟俩讲一个关于说谎有害的故事，然后再问他们：近来有没有说过谎？

埃及式的处理方法是：让他们向真主写信，向真主叙述事情的真相。

巴西式的处理方法是：半年内不准他们在学校踢足球。

以色列式的处理方法是：提出三个问题，让兄弟俩分别在两个地方同时作答。三个问题是：a.你们的汽车爆的是哪个胎？b.你们在哪个维修店补胎？c.你们付了多少补胎费？

之后，活动主持者把25种处理方式翻译成几种语言文字，分送给参加活动的202名学生，请学生们评选出自己最喜欢的处理方式。结果，91%的学生选择了以色列的处理方式。

主持人说，绝大部分学生喜欢的方式，就是批评教育的最好方式。以色列的方式为什么受欢迎？因为它的批评教育带有游戏性质，学生不怕、不难堪。可见，最受学生欢迎的教育，应该是在游戏之中的教育，那也是一种审美化的教育模式。

促进人与自然和谐发展的生态学价值

审美化德育感物吟志、寄情于景、将人生哲理以托物言志的形式表达出来。它强调科学教育与人文教育相结合,注重道德教育的人文价值取向和人文关怀,注重德育过程中生成天人合一、物我交融的人文精神。审美化德育将人与物的关系变成了人与人的关系,使物拟人化,以自然美附人格美,使善为美、真为美,使德育充满了诗情画意。是实现可持续发展的精神资源,也是人的全面发展的必然要求,从整体主义原则出发来维护生态平衡,从和谐发展理念的角度来处理人与自然的关系,从人道主义的原则来审视对自然的开发和利用。因而具有促进人与自然和谐发展的生态学价值。

小仓鼠的故事——生态体验模式下的德育教育

在我所教过的学生中,有这样一个学生。小A生活在一个单亲家庭,母亲对他关心备至,从生活、学习的各个方面都提供了良好的条件,但是他却并不买账。经常看到他抱怨对母亲的不满,甚至母亲因工作忙而晚到学校接他一会儿,就会对母亲大发脾气。对此我深感德育教育的重要却又苦于找不到合适的契机,因为我知道对于他这样的孩子简单地说教只会适得其反。

一天,我发现小A把一只小仓鼠带到了学校的教室里,引得大家都来看。按照学校的规定是不允许带小动物到学校的,这无疑会影响学生的学习。我完全可以严肃地批评他,令他把小仓鼠处理掉。但此时,我看见他一脸的专注,正在认真地整理着小仓鼠的笼子,往小碗里倒水,嘴里还小声说着:"喝吧,喝吧。"见我来了,高兴地说:"老师,这是我花了200钱买来的好朋友,留下它吧!"看到他充满真情、爱心的话语,我不忍心再批评他了。教师的责任感告诉我,这是一个对学生进行德育教育的好机会。于是在征得他的同意后,小仓鼠便留在了教师的办公室,让他每天来喂食喂水,打扫笼子的卫生。

开始的几天,小A每天都按时来看小仓鼠。但时间一长,他就烦了,不能坚持了。终于有一天,他对我说,不想再养小仓鼠了,"把它送给您吧!"听了这话,我陷入了深深地沉思。

于是我与他进行了一次推心置腹的长谈。从他买小仓鼠谈到喂养小仓鼠，又谈到他与小仓鼠的接触中所带来的快乐，也谈到了他喂养小仓鼠的辛苦。同时让他做一个联想思考，妈妈养育你所付出的辛苦要大得多，妈妈能嫌弃你，把你送给别人吗？此话深深地打动了他。接下来我们（主要是小A）一起回忆了小A的妈妈十几年来对他的关心照顾。天冷了，是妈妈及时送来衣物；生病了，是妈妈送他去医院救治……

我们又谈到学校的老师、同学，大家来到这个集体，就如同一家人，每个人的进步都是大家帮助的结果，因此要互相关心、互相帮助。这就是亲情，这就是爱心。从小A严肃的眼神里，我感到他渐渐懂得了这些道理。

从这以后，小A有了很大的改变。坚持喂养小仓鼠，与妈妈交谈有礼貌，不再发脾气了，还带妈妈到办公室去看小仓鼠，班里的事情也能够积极主动去做。

看到他的变化，我心里非常高兴。

——http://dyzc.hdavec.org/news_show.asp?f_id=53&wt_id=1796

建设和谐社会的社会价值

审美化德育在本质上是一种调节人——我、群——我、类——我、人与自然等利益关系的规范性准则，既有利他性要求，又有自利性诉求，这种德育目标显然也须把如何使学习者学会正确处理各种利益关系作为自身的基本目标。构建社会主义和谐社会的总的要求可以概括为"民主法治、公平正义、诚信友爱、充满活力、安定有序、人与自然和谐相处"。总的要求都关涉人民群众直接、现实的利益，既体现了社会主义和谐社会的特征，又是对每个社会主体在构建和谐社会过程中一系列思想与行为的规范。因此审美化德育目标与构建社会主义和谐社会的总目标二者都建立在如何处理利益关系这一核心问题上，有着相同的旨趣；审美化德育以适应时代的变化和社会发展的要求，以建设和谐文化、构建和谐社会为根本旨归，自觉地成为构建社会主义和谐社会的一个重要路径和力量，审美化德育的具体任务与建设和谐社会文化的根本要求相契合；审美化德育实践以和谐文化的建设为指向，和谐文化的建设以道德教育实践为途径，二者都构成且促进着和谐社会这一最终目标的达成。

道德教育对构建和谐社会的价值意蕴

《中共中央关于构建社会主义和谐社会若干重大问题的决定》明确的把建设以"社会主义核心价值体系"为根本原则的和谐文化视为构建社会主义和谐社会的重要任务。而道德建设历来是社会文化发展的重要内容和路径，自然地，以优化社会道德和个体美德为己任的道德教育，就成为社会主义和谐文化建设的一个不可忽视的因素。在此重大的历史际遇和社会实践过程中，道德教育能够对社会主义和谐文化建设发挥什么样的作用、承载什么样的职责，道德教育与和谐文化建设之间有着何种内在的关联，这是考量道德教育对于构建社会主义和谐社会的价值意蕴所关涉到的前提性问题。

第一，道德教育的目标要求与构建和谐社会总的要求是一致的。构建社会主义和谐社会的总的要求可以概括为"民主法治、公平正义、诚信友爱、充满活力、安定有序、人与自然和谐相处"。这些总的要求既构成了道德教育的指导思想，又与道德教育的目标要求相一致。

第二，道德教育的具体任务与建设和谐文化的根本要求相契合。建设和谐文化必须以社会主义核心价值体系为根本要求，这就是：马克思主义指导思想，中国特色社会主义共同理想，以爱国主义为核心的民族精神和以改革创新为核心的时代精神

第三，道德教育的实践运行与推进社会全面科学发展的时代诉求相吻合。和谐社会的主旨在于，在社会全面发展和多头并进的时代境遇下，如何使社会的政治、经济、文化等

各系统协调发展、相得益彰；在利益主体多元化的现实背景下，如何使不同社会群体的利益诉求和个人的利益主张得到妥善协调和切实保障。一句话，构建和谐社会的目的就在于建立一种和谐的社会关系和良好的人际关系。而道德教育实践运行的目标也正在于使学习者学会正确处理自我与他人、自我与社会的利益关系，在获得较高的道德素养和行为品德的基础上，形成和谐的人际关系和社会关系，而这与和谐社会的主旨一脉相承。

——《中国教育报》2007年2月17日第3版

/ 审美化德育践行机制 /

审美化德育真正要落到实处，关键在于按照实践育人的要求，综合利用各种教育资源，开展多种形式的德育实践活动。因此需要建立起相应的途径方法体系、良好运行机制、考核评价机制和自身发展机制构成的践行机制体系。

审美化德育途径方法体系的构建 /

德育途径方法体系是实现德育目标的中介与桥梁。审美化德育是在现实教育生活中的实践活动，审美化德育途径方法体系的构建应不断创新德育工作方式，使德育寓于日常生活之中。改变以往德育途径封闭、孤立、强制、灌输的单一方式，使德育各自的功能协调配合，形成"全员育人、全程育人、全方位育人"的德育工作格局；形成多方参与、相互补充、相互促进的德育体系，促进学生全面和谐发展。

理论与实践教育相结合

审美化德育要帮助学生完成从知到信，从信到行的两次转化。因此，首先，审美化德育重视道德理论的教学,苏霍姆林斯基认为,在普通学校里,学生学习的是关于自然界、社会、人和思维的科学基础知识。这些知识对于道德教育是绝对必需的。他说,在现代社会里,"无知的人对于社会来说是危险的","学校不应当让任何一个没有在智力方面受过训练的人进入生活","在我们这个时代,没有良好的教养,没有牢固的知识,没有丰富的智力素养和多方面的智力兴趣,要把一个人提高到道德尊严感的高度是不可思议的"。如果一个人没有科学基础知识,不爱读书,也没有其他的智力兴趣,他就不可能认识客观世界的规律性,也就无从谈起形成科学的世界观。同时,他也不可能接受和追求人类所创造的一切精神财富,因而无法进行自我教育和道德修养。

但是,当前知性德育以理性主义认识论为思想基础,虽然克服了封建社会以强制性、蒙昧性和宗教性为基本特征的神性教育,但同时也片面夸大了人的理性、知识在德性养成中的作用,忽视感性和实践因素,将人的道德认知、思维看作是德性中最重要的甚至唯一的内容,颠倒了道德知识和道德生活、道德实践的关系,由此带来道德认识的片面外部化造成德育的表面性,德育课程的知识的抽象形式化形成学生的知行分离的"双重人格",德育过程就是将道德理论通过逻辑分析、语言讲授传授给学生,再通过评价考试等方法了解大学生是否知道这些道德,德育过程的逻辑程序化导致德育效果的空洞无力。

脱离了实践活动的德育教育只能是纸上谈兵,那种空洞的理论说教,要么使学生日益觉得反感,毫无学习的兴致;要么即使学了,也只是学会了喊口号,只有学生有了真正的情感体验,才能真正把道德的要求纳入自己行动中去。十八世纪法国著名的思想家爱尔维修曾经说过:"如果我生活在一个孤岛上,孑然一身,我的生活就没有什么罪恶和道德。我在那里既不能表现道德,也不能表现罪恶。"因此,我们不难看出道德需要实际上是来自于人类社会的道德实践。也就是说人们的道德和道德需要是在人们的社会关系中产生和形成的，是在人们的交往和实践中通过彼此之间利益关系的处理中表现出来的。只有在人们的社会实践交往和时间活动中才能判断一个人的言行是善的还是恶的，是美的还是丑的，是道德的还是不道德的。也只有在人们不断的社会交往和实践中，才能形成一个人的稳定的道德品质和情操。意大利教育学家蒙台梭利早在19世纪就提出"实践是孩子最好的老师"的教育思想，审美化德育十分重视道德实践教育、道德体验教育和道德养成教育，实现学生情感体验与道德实践的有机结合，在道德实践活动中培养、巩固、内化同学们的道德认识以及道德情感，从生活小事做起，一点一滴地培养自己良好的道德习惯，坚定道德意志，形成道德品质。生活中我们必须给孩子提供多种德育实践活动的机会，让孩子真正在实践活动中去体验、去感悟、去学习，以获得自身成长所需要的养料。

"道德"教育，需要"劳动实践"

"中学生创业15天"大赛给中学生提供了宝贵的劳动实践机会。而我们当前对未成年人的思想道德教育，不仅需要道德"说教"，恰恰还需要这样的"实践"教育。

当代中学生缺乏"劳动实践"，尤其是城市青少年。在家里，他们被封闭在一个个单元门里，缺乏与同伴的合作交往，缺乏必要的家庭劳动。在学校，由于受到场地、经费以及升学压力等影响，能够让学生参与的社会实践也常常只是"蜻蜓点水""走马观花"。而对于思想道德的教育，需要道德"说教"，也非常需要"劳动实践"。因为真正的劳动实践会让孩子们了解社会、体验社会，有了这些亲身经历和深刻体会，他们才能珍惜劳动，热爱劳动，从而在社会的实践中明是非，辨善恶，分美丑。

随着世界经济一体化，中国将越来越深地加入到世界竞争行列中。现在的中学生将来要面对的是世界性的竞争，那不单需要书本的知识，也需要"实践能力""动手能力""自立能力""竞争与合作能力"等，需要一个中学生具有全面综合的素质。

"中学生创业"大赛是思想教育的又一个新尝试，为这次"创业"所做的努力是必要的。学校和家长应给予更多地支持，与关注孩子在考试卷上增加了几分相比，关注孩子的全面成长更有意义。

——http://www.sina.com.cn 2005年02月03日03:06 哈尔滨日报

学校、家庭和社会教育沟通

　　中央教科所所长朱小蔓博士曾深刻地指出："道德教育从本质上来讲是人格的、生命的、完整的生活质量的教育，不能把德育从活生生的完整生活中抽离出来，也不能把德育从其他诸育中抽离出来，否则就是形而上学。"对学生的思想品德教育，家庭教育是基础，学校教育是关键，社会教育是保障。学校要主动和经常性地与社区保持联系，共同组织开展一些有益于提高广大青少年思想素质的活动。重视指导家庭教育工作，通过家访、校园开放日、家长座谈会等形式让家长参与和支持学校的管理，从而着力推进德育的社会化，与社会教育和家庭教育紧密结合，构建立体德育网络。

　　坚持以学校德育教育为主渠道，同时与家庭教育与社区教育相结合，即德育一体化，是审美化德育工作体系的总思路。只有把三者有机地结合起来，才能避免学校德育教育教学与家庭教育与社区教育"两张皮"的现象，使家庭教育与社区教育成为学校德育教育教学的延伸和第二课堂，使三者互相支撑，成为一体。

　　学校、家庭、社会教育既有共同的教育目标，又有无法互代的个性优势功能。从目标上讲，它们的共同之处在于培养合格的"四有"新人。其个性表现为：学校——好学生，家庭——好孩子，社会——好公民。从优势功能看，学校、家庭、社会德育各有所侧重。

　　其一，学校德育从古至今在年轻一代思想观念的形成中居于重要地位，具有主渠道作用、导向作用和规范作用。学校德育主渠道作用是指学校德育的方向性、目的性，以及在施教过程中严密的组织性、计划性、恒常性，是其他任何教育单位、渠道无法比拟和不可取代的。如果学校放弃了主渠道作用，社会对年轻一代的期望和要求就失去了全面贯彻、系统实施的唯一阵地，家庭教育和社会教育也失去了相互配合的核心；学校德育的导向作用是由学校德育的先进性、科学性和权威性决定的。社会主义学校的德育是以辩证唯物主义和历史唯物主义的世界观和方法论为指导思想的理论基础，是党和国家最新的道德、思想、政治观念最积极、最彻底的宣传者和维护者，它历来在人们的心目中是最先进的和最正统的，是年轻一代选择正确人生道路和自我修养的客观依据。学校德育的规范作用在于它总是反映社会共同的期望和要求，用社会准则去规范年轻一代的思想和行动。提供什么、允许什么、限制什么、反对什么，都态度严肃，旗帜鲜明，代表的是占主导地位的政治、思想观念。特别是在社会政治、经济、文化观念出现多元的形势下，学校德育的规范作用更有其现实和长远意义。没有学校德育一元规范的作用，就不可能消除多元思想文化的局面，也不可能在新的基础上形成新的道德、思想、政治一元的观念。

其二，家庭德育具有便利性、经常性和亲密性等特点。所谓家庭德育具有便利性，是因为孩子从小在家庭中生活，在家庭中慢慢长大，与家中的一切接触最多也最频繁。家庭中重视德育，会比单纯依赖学校接受德育要全面得多，家长对孩子进行道德教育，并不需要家长具有像教师那样的关于道德的专业知识，家庭德育其实是简单易行的。在日常生活和学习之中，通过具体的人和事，对孩子进行爱心教育，在日常生活学习待人接物的礼节：如大人讲话时，小孩不能随便插嘴；不经允许不能随便拿他人东西；到他人家中要先敲门。这些都体现了家庭德育的便利性特点。家庭德育则表现为亲切感人，及时具体与持久面广。家长的言传身教要比在学校每星期上几节德育

课的影响深远得多,持久得多。

其三,社会德育的优势体现了空间广阔、形式多样、人际广涉与贴近实际的特点。其既可在家乡小社会接受教育,又可在全国乃至更广阔天地实施;既可通过调查、参观、游览、夏令营等形式开展教育活动,又可通过榜样报告、基地专访、远足锻炼进行;既不受年龄、性别、职业、民族的限制,又不受区域、行业、事件、善恶的约束;特别是它的"实践性",更是学校,家庭所不备不及的。

毋庸置疑的是,学校、家庭、社会教育功能又存在鲜明的劣势差异。学校德育其劣势一是视野有限,易脱离社会实际(因其主要是在有限制的时间、空间、内容、形式内进行);二是由于过分强调统一性与集体性,导致了针对性差,不利于个别教育,使活动与效益淡化了具体性。家庭德育的劣势有三点:其一是因家长的政治、文化、道德素质的差别和家庭经济状况、成员结构之不同,给家庭德育的有效性造成了较大麻烦,这是近几年家庭德育存在问题的主要方面;其二是家庭德育方法的相对简单化、单一化,直接影响了家教效果。尤其在广大单亲家庭与农村留守青少年家庭,此问题更加突出;其三是家庭德育目标的不集中与时、空的有限性,也是其劣势的一个显著特点。积极影响与消极影响并存,且消极影响的腐蚀力、诱惑力极大,则成为社会教育的主要劣势。在这种情况下,对那些认识水平低、明辨是非能力差的学生的管理,无疑会成为一个教育的难题。同时,教育责任不落实,教育的部门多,名目多,形式多,使社会教育沦落为表面上多方在管,事实上无人负责的社会弃儿。

总之,学校教育是主导,家庭教育是基础,社会教育是延伸,它们是一个紧密联系、各自独立的有机系统。从目前现状看,家庭与社会教育又是学校教育的重要保证。如若取得理想的道德教育效果,仅有学校的教育是远远不够的,必须把学校教育、家庭教育以及优化社会大环境结合起来,并建立、健全各项社会制度,形成学校、家庭、社会三位一体的开放型、立体化的育人环境,让孩子们在良好的社会环境中受到熏陶,良好的道德品质才会形成,良好的道德行为才能得以巩固。

三维互动立体德育模式的实践探索

经过这几年的实践,江苏省姜堰市第二中学初步总结出构建三维互动立体德育模式的具体途径:坚持一个中心、架起两座桥梁、构建三大平台、完善四种制度。

(一)坚持一个中心

坚持一个中心,即坚持以学校为中心。在实施三结合教育的过程中,学校必须发挥主导作用。因此,三结合对学生进行德育的计划由学校提出,包括分年级段的德育目标、德育内容、活动安排、需要条件等。通过由学校、社区领导和家长代表组成的"三结合育人领导小组"统一研究,分头实施。

(二)架起两座桥梁

1.成立家长教育委员会。这是学校联系、沟通家长的桥梁。通过家长委员会及时将学校的德育信息传递给广大家长,让家长参与学校的民主管理(每学期一次)、考评班主任和任课老师的教育教学工作情况,同时又把广大家长的意见反馈给学校,以达成共识,形成合力。

2.成立社区教育委员会。这是学校与社区联系、沟通的桥梁,由社区领导和热心教育的离退休老干部、老教师组成,他们把学校德育活动纳入社区精神文明建设内容,协调各部门积极净化校园周边环境,组织学生参加社区的实践活动,安排丰富的寒暑期生活,使学生能接触社会、了解社会,增长社会知识。同时,又能及时把社区各方面的意见反馈给学校,帮助学校加强和改进德育工作。

(三)构建三大平台

1.建立社区教育实践基地。目前,我校已与市消防大队、城东警区、振兴居委会、市敬

老院等多家单位签订协议，建立德育基地。这些德育基地将免费提供给学生活动。我们组织学生参观曲江楼历史陈列馆，组织部分三好学生参观中国极地科学考察船"雪龙号"。让学生深入德育基地，开展研究性学习，真正在活动中育人，在实践中成才。

2.成立家长学校。家庭是对孩子实施教育的第一场所。为更新家庭教育观念，提高家长科学育人的水平，我们已连续举办了多届家长学校，每一届家长学校，都坚持科学管理，做到"三性"：一是师资配置的择优性，二是教学内容的针对性，三是家教理论研究的先导性。向家长系统讲授科学育人知识。通过家长学校，切实提高了广大家长的育人素质，为家校教育和家庭教育形成合力打下了良好的基础。

3.建设学校德育网络平台。通过网络，我们可以快速、直接地了解学生的思想动态和他们关心的热点问题，加强相互沟通；利用网络开放性、互动性、及时性等特点，开展形式多样、生动活泼的德育活动。近年来，我校在校园网上进行如"道德警戒线"、"e时代的中学生"、"模拟法庭"等学生感兴趣的话题，吸引了众多的学生的参与。在建设学校德育网络平台的同时，强调加强网络的规范管理，建章立制，引导学生文明上网。

(四) 完善四种制度

1.全员育人导师制。德育工作具有全员性、社会性，政教处在学校内部协同校长室、教学处、总务处、现代教育技术处、工会、团委等部门一起努力创设教书育人、管理育人、服务育人、环境育人的良好氛围。

2.班主任与家长互访制。我们建立家校联系册，定期向家长反馈学生在校的学习，品德表现。对个别问题学生，学校与家长、学生签订后进生转化协议书，实现齐抓共管。

3.校外辅导员制。我校与各条战线上的十多名校外辅导员长期保持密切的联系，定期进行革命传统、法制、环保、形势、艺术等教育，现有不少学生的硬笔书法作品及优秀文学作品在各级报刊发表及各级各类征文比赛中获大奖。

4.德育资源共享制。学校为家长、社区提供培训、活动的场地和师资,家长、社区则利用自身的优势为学校排忧解难,共同开展德育活动,努力实现德育资源的共享。

——http://zz.jyez.com/dyyd/ShowArticle.asp?ArticleID=51

教育与自我教育相结合

在教育的问题上,历来就有"内发论"与"外铄论"两种观点。内发论者主要持一种自然主义的儿童观和教育观,认为儿童的发展是自然生长的结果,其发展历程是自然早已预先设定的,教育的作用在于为儿童的自然发展提供必要的条件,就像园丁为植物的生长提供充足的水分和养分一样。外铄论者则主张环境和教育的作用是儿童发展的决定性因素,如洛克的"白板说"就把儿童看作是一块白板,教育者可以在白板上随意描绘,使儿童发展成教育者想要塑造的样子。我们可以看到,无论是内发论还是外铄论,都有其合理的一面,同时也各有其局限性和明显的缺憾。用我们今天的话说,内发论强调遗传和自然成熟的作用,在对教育的估价上却是悲观主义的;外铄论能够充分认识教育对儿童发展的巨大作用,却对儿童这一发展主体的内在规定性视而不见。要正确地理解和认识儿童的发展和教育问题,就必须摒弃传统的非此即彼、二元对立的思维习惯,整合两者的合理因素,建立一种完整全面的德育发展观。

审美化德育目标在于使学生精神健康、心性和谐,它关注人性的完整。因此,在审美化道德教育过程中,应充分发挥教育和自我教育的相互作用,一方面引导学生按照道德规范约束个人行为。依靠外部因素去积极影响、引导德育目标的实现。从学生道德观念形成过程来看,作为规范的道德是外在的客体,不是学生与生俱来的,必须通过后天的学习和实践逐步获得,有一个社会教化和个人内化相结合的过程。从道德行

为的实现和维系看，学生选择符合道德规范的行为，也是在社会舆论和传统习俗的倡导、鼓励、批评、贬抑下，甚至在批评、惩罚等手段的制约、控制、监督下，即运用教育他律的机制实现。另一方面，应看到道德不仅是知识，还是情感、意志与行动。所以单靠讲授与听讲是不能完成道德学习的全部任务的。真正走进孩子们的心灵世界，要能够促进孩子们身心健康、学业优良、知行合一必须实现德育过程"由外而内"向"由内而外"的转化。在德育过程中，外界影响是必不可少的重要条件，但学生思想品德的发展更取决于学生思想内部的矛盾斗争，即外界的道德要求与他已形成的思想品德现状的矛盾。这些矛盾的斗争成为推动学生思想品德发展的动力。德育过程就是要引导并促进学生思想上的矛盾斗争，依靠和发扬学生自身的积极因素，克服和纠正自身存在的消极因素，使学生的思想品德向教育者所期待的方向发展。

心悦诚服的自我教育

不知从什么时候起我班刮起了一股"悠悠球飓风"：教师里随处可见一个个炫目的悠悠球，下了课就可以听到"呼呼"的飚球声。男孩子就像着了魔似的痴迷，学习分心了，成绩下降了。更令我诧异的是，有的孩子竟然为了去买悠悠球还偷偷从抽屉里拿走了家长的几百元钱，还有人在班里做起了高价卖球的"生意"，而深受其害的女生是个个怨声载道。

怎样才能处理好这个新难题呢？如果老师只是一声令下，全部杜绝，也许表面上风平浪静，但极有可能转为"地下活动"；如果放任不管，它就会成为放松学习、引发品德问题的导火索，而且还会愈演愈烈，问题十分棘手。

偶尔在电视里观看了一场别开生面的大学生辩论会给了我灵感，何不让学生也用这个方法来合理处理好"悠悠球事件"。

第二天午会课上，我宣布：今天我们进行一次辩论会。共同来探讨"是否可以玩悠悠球”。这新奇的形式立刻引起了学生参与辩论会的兴趣。一阵窃窃私语后，同学们分别根据自己的意愿站成了赞成和反对的两个阵营，只有三四个同学犹豫不决，最后保留意见坐在了自己的位置上。辩论前正反两方还像模像样地各自推选出了主辩手。

一场特别的辩论会就这样拉开了序幕。代表赞同方的庆书宏同学义正辞严地说：“悠悠球是有益的课间活动，它不仅调节了我们紧张的学习、愉悦身心而且也锻炼了我们的受脑协调能力。连‘哈哈少儿’不也在播放有关的节目和比赛，要不然电视里也应该禁播喽？”话音刚落，其拥护者立刻以响亮的掌声为之喝彩。这下反方自然坐不住了，最气愤的女生发言人王菲立刻反驳：“你们哪里是文明游戏，甩来甩去的悠悠球让坐在最后排的我总是提心吊胆，那呼呼声跟来轰炸的鬼子敌机有什么两样？”“就是嘛！我好端端地坐着做作业，你们跑着追着抢悠悠球撞歪了桌子还害得我弄破了本子！”一旁的马尚雯忍不住抢着接话。两个阵营势均力敌，你一言，我一语地各自阐述着理由，真是难分伯仲。刚担当完辩论会主持人的我，这下成了最安静的听众。一番唇枪舌剑后，双方以争得不可开交，座位上保留意见的同学一定与我的想法不谋而合，何不让他们发言，来帮助大家明辨事理呢？于是，几位座上的同学你一言，我一语说出了我的观点：悠悠球的确是一项健康、文明的课间活动，它能放松心情、令人愉快，但凡事要讲究个度，不能玩物丧志。这个观点一下子就得到了大家的一致赞同，最后我班达成了仅在午休时玩且不影响学习的公约。就此“是否可以玩悠悠球”的辩论会画上了圆满的句号，“悠悠球事件”终于得到了妥善的解决。

此后在圣诞节前，我班也讨论了“要不要搞圣诞联欢会”的辩论赛并收到了不错的效果。同学们都在了解了圣诞节的来历后，认为搞庆祝活动不应仅仅为了痛快一把，大吃一顿，而且认为过有民族传统的节日能弘扬民族精神、了解历史，还能让世界更了解中国，这才更有意义。

——http://www.cnlxx.edu.sh.cn/html/study/keyan/20080326/146.html

集体教育与个别教育相结合

审美化德育目标在于追求将人的社会性根基于人的自然性基础之上，因此，它不仅要重视通过集体教育形成人的社会责任感、道德感、义务感，同时还要关注受教育者个体存在的自然差异，实现集体教育与个别教育相结合。

班集体是以直接交往为特征的人际关系系统，以集体主义价值为导向的社会心理共同体；是一个以学生亚文化为特征的社会群体，它传导和积淀着班级制度的社会文化基因，也整合着学校、社会、家庭的教育影响，社会化的共同学习活动是班集体形成和发展的主要整合因素。马卡连柯认为："集体是一种很大的教育力量"，"在班集体中不用任何专门的办法，就可以发展关于集体的价值，关于集体尊严的概念。"班集体是一个集体主义价值导向的规范化的组织，是促进学生社会化的重要机构，班集体中的共青团或少先队组织，这些组织即是对学生进行社会理想、道德教育的重要手段。

班集体不光是组织上的统一体，还是由在需要、兴趣、智力、思想、道德、社交、创造力、审美等方面既有共性又有个性的人们所组成的精神上的统一体；是促进学生个性和谐发展的平台。因此德育过程中要关注受教育的对象，注意照顾学生的年龄特征和个别差异，采用不同的教育方式，区别对待，取得最优化的德育效果。因此教师应通过细心观察、谈话交流、进行必要的家访、问卷调查等途径深入了解学生总体发展趋势和方向，注意积累有关思想品德的系统资料。教师必须全面了解学生的思想、学习、劳动、兴趣、意志、性格以及生活环境，家庭教育和所受的社会影响，同时应该结合当前改革开放的时代，不断积累资料，进行综合分析，做到对每一个学生的情况了如指掌。

德育中的集体教育

鹤岗市私立育苑小学高春梅老师曾经讲述了这样一个故事：陈鹏同学是一个自私、霸道、唯我独尊的孩子，一次调座位后发现自己的椅子比别人的矮，他觉得坐着不舒服，于是提出要与别人换椅子，可此前很多同学都坐过这把椅子，没有一人提出这种要求。面对他的无理要求，我告诉他："你去与同学商量吧，如果同学愿意，可以换。"可谁知陈鹏回到座位后，硬逼着同桌与他换椅子，同桌不肯，他就动手抢，两人僵持不下，我刚要制止，这时坐在陈鹏身后的胡文玲提出与他换椅子，这事才算平息。

班会课上，我把"抢椅子"的一幕讲给同学们听，请大家发表看法。同学们言辞激烈，纷纷指责陈鹏自私，称赞胡文玲谦让，并给陈鹏提出了中肯的劝告。大家纷纷表示，他们不愿与自私的人交朋友。在集体舆论压力下，陈鹏站起来承认了他的错误……

审美化德育途径方法体系的构建在以上"四个结合"基础上，还应不断开拓新途径。

首先，多渠道运用各种德育方法。在价值观多元化的当代社会中，传统的灌输法失去了其合法性。面对价值观多元化的挑战，价值澄清理论、道德认知发展理论、关怀理论和社会学习理论都提出了各自的应答方法。由于它们的理论基础不同，解决问题的侧重点不同，其方法功能仅关注某一方面，所以它们的德育方法论仍然不能从根本上解决青少年所面对的现实道德冲突问题。以系统论为研究视角，科学阐明价值引导、实践体验、感情建构方法的理论基础，并论证其整合的可能性与合法性，把现代德育方法进行系统整合连接，构建价值引导、实践体验、感情建构的方法论整体系统是审美化德育方法论发展的历史必然。

其次，充分发挥现代传媒的优势，以学生喜闻乐见的教育形式承载富于教育意义的德育内容。现代传媒是信息技术快速发展的产物，是和报纸、广播、电视、杂志等传统媒体相对而言的，它主要包括移动通信、网络、视频、数字电视等。现代传媒是随现代科学技术的发展而出现的一种新的德育实施的途径,是德育途径现代化、信息化、网络化的重要标志,它作为德育实施的新载体、新途径,在德育中有着不可忽视的作用,要从现代传媒的特点出发,切实保证其作用的发挥。

审美化德育评价体系的建构 ╱

不管是在家庭生活还是在学校生活中,不可否认的是德育的评价机制引领了孩子的发展方向。审美化德育是系统工程,这就决定了必须构建系统化德育评价体系。

从德育评价的学段而言;要构建小学各年级、初中各年级互相衔接的评价体系。不同学段德育对象的身心发展和思想品德发展水平是不同的,这就需要体现德育目标、内容和方法的层次性和有序性,正确处理德育活动与受教育者身心发展、思想品德发展之间的矛盾是构建大中小学相衔接的德育体系的根本环节。德育是一个有机系统,防止教育内容的简单重复和教育资源浪费现象,使德育达到最优状态,是构建大中小学相衔接的德育体系的基本要求,而逐步实现德育各因素的系统化尤为重要。要确立具体明确、易于操作、利于考核的德育层次目标,形成由低到高、分步完成的德育教育目标评价体系;建立与教育目标体系相适应的层次清晰、由浅入深、由具体到抽象的德育内容评价体系;不同学段各有侧重,既要衔接,又不至于重复;既立足于德育对象本身的因素,又充分利用外部各方面力量,有计划、有层次、分阶段、有步骤地实施评价,才可显现出德育整体的实效。

从评价对象的人员而言,要构建对学生德育评价、家长德育评价、社区德育评价诸方面相互联系的评价体系。首先,将评价还给学生,促进师生和谐发展。新时代的师生关系已非呆板的施教者与受教者,而是平等的学习伙伴。尽管孩子的认识水平较低,思维方式幼稚,但他们能在与教师的交流中凭着纯真的心灵对老师的教育教学活动做出直观的评判。由于学生与教师朝夕相处，他们的评价往往最直接、最率真、最切实。因此，我们大胆地提出"将评价还给学生"。其次，将评价还给家长，形成家校教育合力。从某种意义上讲，家长是学校教育的直接"消费者"，家长对学校服务的满意度对学校的口碑与发展起着决定性的作用，家长的支持和信任是学校的宝贵财富。学校德育工作成功的背后往往有一大批支持学校改革和发展的家长群体。最后，把评价还给社区，共建优质德育环境。社区是学校发展的沃土，实现学校与社区的同化，才能保障学校德育工作有一个健康、宽松的发展环境和条件。社区群众的口碑更是对学校德育工作最有力的宣传。因此，校方加大改革力度，进一步提出"将评价还给社区"。目前我们研究的切入点放在借助社区力量参与学校各种德育主题活动的评价。

从评价方式而言，应构建形成性评价与终结性评价有机结合的评价体系。在德育实践过程中进行的，并突出发挥评价过程中的控制作用，所以又称为过程性评价。它的特征是：评价——反馈——调节——矫正。要最大限度发挥好形成性评价的效果关键是建立反馈性机制，将评价过程中形成的结论，不论是优点还是缺点都及时反馈给评价对象，以利其扬长补短，形成正确的政治立场和良好的思想道德品质。终结性评价是指在某项德育教育教学或德育实践活动结束后对评价对象所获结果的定性与定量的终结评价与鉴定、或是一个阶段结束后对评价对象的阶段性德育成效的定性与定量的终结评价与鉴定。一般来说它是一项德育活动或一个阶段德育活动的全面的、整体的定性鉴定和定量测评，是终结性德育定论评价。由于审美化德育实践过程是一个复杂的动态的系统工程，因此，我们在对学生进行德育评价的过程中，既要重视评价结果更要重视评价过程。两种评价结合起来，使在形成性评价过程中该肯定的优点为终结性评价奠定评价基础，而终结性评价又为形成性评价提供德育实践的指

导。

让星星在作业本上闪光

传统的作业批改方法是根据对错画"√"或"×"，很直观，也很生硬，学生拿到作业后，看到×很丧气，订正错题也很被动。尤其是那些学习后进的孩子，好不容易做完的作业，又被老师打上一连串的"×"，这严重影响他们的学习积极性。于是，我改变了在同学们的作业本上打×号的做法，而用"\"代替，在同学订正错误后再打上"√"，并多写鼓励性评语。由于给每位同学重新改过的机会，每位同学的作业本上都是"√"，写得好的还印有红花或五角星，或者写上100+优。长期以来，就连潜力生的作业本上也印满了红花，孩子们的学习热情提高很明显，上课专注，作业写得越来越好，不交作业的现象逐渐消除，学习成绩也大幅度提高。这项改革使我尝到了甜头。虽然改变的只是一个小符号，但意义不小。任何重大的变革都由一点一滴的改变开始，如果这样的点滴改革能不断涌现，教育改革就能很快迈上新的台阶。

审美化德育模式的建构 ∕

德育模式是在一定的德育思想理论的指导下，经长期德育实践而定型的德育活动结构及其配套的实施策略。这个定义包含着理论指导、活动的结构与程序、实施原则、操作要领等诸因素统一结合构成的德育活动形式。

审美化德育模式建构的主要理论依据是：德育过程是对学习主体道德自主建构的帮助过程。德育过程从实质上说到底是一个什么样的过程？迄今为止，德育界实际上主要信奉的是一种品德"转化"理论，即认为德育过程就是一种学生价值观念的转化过程——教师由外而内向学生灌输价值观念，培养成人社会所需要的品德的过程。"转化理论"作为一种强调"灌输"的理论从根本上否定了德育对象的主体性。长期以来，我国德育在思想上的某种强制特征之所以"挥之不去"，其教育思想上的根源即在于此。教育工作者必须承认儿童具有先天的道德禀赋，德育过程实质上不是由外而内的转化过程，而是由内而外掌握或生成的过程。换言之，道德教育有外表上的"转化"问题，但本质上却是内发和生成或建构的过程。提倡道德上的"生成"或"建构"理论并不是说转化理论的内涵中没有任何合理性存在，道德学习主体的自主建构过程决不可以理解为完全放任的自生自长的过程，"自主建构"和"价值引导"必须同时提出，以形成德育是"价值引导与自主建构的统一"这样一个完整的命题。价值引导只是真实有效的学校德育的条件，而非德育过程发生变革的本质。德育过程的本质是道德学习主体在教育工作者创设的特定价值情境中不断主动和自主地改造自己的品德心理图式，不断实现道德人格的提升。

审美化德育模式应坚持的基本原则主要涉及师生关系、德育课程和德育过程几个方面。

审美化德育模式师生关系：教师是参谋或伙伴

在道德教育的"转化"模式中，教师与学生的关系的基本特点有两个。一是"教师——学生"的单向关系；二是师生关系的居高临下特性。在这种模式中道德教育就是拥有价值真理的成年人在单方面向学生作道德的说教。审美型德育模式所希望建立的师生关系是一种"参谋或伙伴"的关系。在这一关系中，教师的智慧表现在设置情景，并隐蔽起来（或退居幕后），学生则成为价值判断和建构的主体。这一关系的特质是：第一，"参谋或伙伴"是双向或多向的关系。第二，"参谋或伙伴"的关系是平等的关系。这就意味着就像在风景区游客之间的关系一样，在道德教育中，教师与学生、学生与学生、学生与教师之间，是一种共同面对道德智慧风景审美欣赏和交流欣赏心得

的关系。当然，与纯粹的游客不同的是，教师还必须是道德风景的设置者和导游人。如同自主建构和价值引导之间存在矛盾一样，这里教师与学生的关系也存在一种作为普通"游客"和作为"道德风景的设计者和导游人"之间的矛盾。这一矛盾的解决之道就是：当教师完成了风景设计、导游任务之后，教师就应当退居幕后，即使再在教育情境中存在，也只能以一种道德人格的风景或普通的游客同伴的身份出现。教师的作用就主要是以自己对道德智慧的审美欣赏来刺激、启发和带动学生德育审美欣赏活动。

审美化德育模式课程：德育情境的审美化

审美化德育所希望建构的德育课程模式的特点是情境性与审美化。所谓"情境性"，不是要完全否定道德判断、推理与理论思维等等在道德教育中存在的必要。"情境性"所要求的是道德教育的内容首先应当实现"生活化"。因为只有生活化了的德育内容中我们才可能发现道德智慧的生动性，才能真正地激发学生进行自主、自由的道德判断和推理等等，建立真正的道德理性。此外，情境性的课程也为道德教育显性课程与隐性课程的沟通提供了可能，学生很容易将显性课程的学习推进到所有的生活领域，这就在实际上为学生在更广大的时空中进行道德学习创造了有利条件。所谓"审美化"，主要的要求是：第一，道德教育应当发掘教育内容上的审美因素，即应当精选道德智慧的成果，充分展示人类道德文明的智慧之光。第二，在道德教育内容的呈现形式上应当努力做到形象、生动、审美化。比如，在教材形式上，可以尝试小学德育教材故事(寓言)化、中学德育教材杂志化的形式。又比如，可以适当引进艺术手段作为道德教育的活动形式等等。

审美化德育模式过程：在"欣赏"中完成价值选择能力和创造力的培养

"转化理论"的一个特点是认为道德教育主要是由外而内的过程，因此，教师居高临下的"教导"就成为最根本的东西。而在审美化德育理念之中，教师的智慧主要表现在设置情景，并隐蔽起来(或退居幕后)，学生则成为德育审美的主体。所以审美化德育的过程观的第一要求和最根本的要求就是：道德教育应当在"审美欣赏"中完成价值选择能力和创造力的培养。为此，教师的工作主要是：设置审美化的道德教育情境；鼓励和引导学生对于道德智慧的欣赏；最后，应当努力让学生形成自己对自己的欣赏——形成审美欣赏性的评价体系。总之，审美化德育的全过程都应当是学生自主"欣赏"的过程、一个尊重并发挥教育对象主体性的过程。"在教育教学中德育工作者应当努力发掘教育内容上的审美因素，将人类道德文明的智慧之光充分展示出来，让学生在道德价值、道德规范的学习中看到人类自身的伟大与尊严，体会到人类驾驭人际关系的"本质力量"。

审美化德育模式具体操作步骤：

第一阶段：建立与发现审美欣赏的视角。

一块石头从一个侧面看非常一般，但换一个侧面则可能是一种审美的存在。同样，道德规则可以以纯粹理性或命令的形式呈现给我们的学生，也可以选择一种特别的角度让学生认识到这些规则正是一种人类生活的智慧，一种"合规律性与合目的性的统一"的形式。建立道德规范正是给予其"合目的性"的自由活动所必需的翅膀。这样，道德教育内容的"顽强的疏远性"就会在审美欣赏过程中得到消解。所以审美欣赏的关键是教师必须与学生一起建立与发现欣赏道德智慧风景的视角。在道德教育的准备阶段，教师的教育智慧主要体现在这一视角的寻找与建立上。

第二阶段：展现道德智慧与积极人生的美丽。

在德育实施过程之中，教师的任务是：一方面，在道德教育内容的呈现形式上应当发挥创造性，做到形象、生动、审美化。在教育教学中德育工作者应当努力发掘教育内容上的审美因素，将人类道德文明的智慧之光充分展示出来，让学生在道德价值、道德规范的学习中看到人类自身的伟大与尊严，体会到人类驾驭人际关系的"本质力量"。另一方面，应当探索多种形式，延续、强化和巩固审美体验，促使道德审美的结果影响品德结构、改进行为模式。因此，如何创设"展现道德智慧与积极人生的美丽"的教育形式或可欣赏性的道德情境是审美化德育实施的关键。

第三阶段：践行审美化的人生法则。

美国教育家克里夫·贝克曾说：不应该把道德看成目的本身，而应该看成是通向美好生活的一种手段。美好生活说到底就是追寻德性的实践生活本身。追寻德性的实践行动本身使人能够获得行动本身的内在利益，同时也实现着德性的拥有与践行，这就是一个美好生活的历程。审美化德育模式所追求的最终目标也就只能是鼓励学生践行审美化的人生法则。引导学生过一种诗意的生活与和谐的生活，建构一种基于物质生活又超越物质生活的精神生活、意义生活和道德生活，使学生认识幸福、体验幸福和创造幸福，培养他们追求幸福、体验幸福和创造幸福的能力。

教师德育审美转化的基本原则与策略 ／

教师德育审美转化的基本原则——以美启善

美育与智育、德育是同一个层次上的三种教育形态，是完善人格的三个必要方面。上个世纪初，蔡元培先生提出了在培养健全的人格过程中，德育、智育、体育、美育四者一样重要，不可偏废的观点。真、善、美是人类价值系统的三大目标，分别指向人的自然、社会与人的精神，三者相辅相成，是相得益彰的统一整体。教师德育审美转化要求坚持的基本原则是"以美启善"，实现"真善美"、"精气神"的统一。即将外在社会的道德要求建立在人内在和谐心灵的基础之上。

教师德育审美转化的基本原则在于以美启善。

人的心灵美、精神美，是一个人内心世界的美。它是建构在人的社会品德、情操、人生观、理想、性格、学识、修养等方面，表现在人的言论、行为之中。例如，符合先进阶级、人民大众的利益和愿望的进步理想的信念，为实现这些理想的献身的精神和行为，爱祖国、爱人民，对爱情、友谊的忠贞等，才可表现为深刻的心灵美。对于人的美不同阶级存在不同的标准。内在美和外在美在具体人物身上的表现十分复杂，但社会道德标准对于人的内在的心灵美始终起着决定的作用。审美化德育在于追求合于社会发展客观规律与人身心发展目的的统一。因此，一方面，既要了解道德建设是社会主义先进文化教育对于社会主义发展的重要性，符合全面推进有中国特色社会主义伟大事业的规律，道德完善是社会主义发展的本质特征，是社会主义先进文化建设的核心内容，是培养良好的社会风尚的根基；另一方面，更要把握道德建设符合人类实现自身的全面发展、人的利益的目的，是合规律性与合目的性的统一，才能自觉地追求德性的提高、品质的完善，获得道德认知，培养道德情感，坚定道德意志和德行。因为只有基于对人的内在德性与潜能的追求，在实践生活中才能达成善与美的人格，过承担责任、勇于进取的道德生活，既是人生的享受，也是人生目标的实现。人在本性上总是追求有价值的存在物，总不满足于"实有"的状态，而把目标指向"应当"状态，由此人的活动总是超越现实、实现着自身的进步，创造着未来。正是这种意义和价值的牵涉，使人们在追求德性的生活过程中能得到充盈、完满、丰富的体验，从而享有人的内在身心的和谐、人与社会的关系的和谐、社会的秩序与文明。

以美启善　教育如诗

一个学生具有上进的愿望，却缺乏坚强的意志和克服困难的精神。一天，老师约他来到河边, 指着奔腾河水冲到巨石上飞溅起千朵浪花, 用诗一般的语言对学生说:"你看, 那花多美, 它晶莹、洁白, 银光闪烁似冰凌, 似雪花, 似出水白莲。你喜欢这跳跃的浪花, 还是喜欢这平淡无奇的流水?""当然喜欢浪花。""浪花的精神是什么?""这……是蓬勃奋起, 无所畏惧, 缓慢而平静的流水则比之黯然失色。"当天这位同学在日记中写道: "……一朵小小的浪花也有奋斗的精神, 我作为一个人, 有什么理由不去奋斗呢?"从这以后, 这位学生时时注意磨炼自己的意志, 进步很快。

——摘自《普通教育学》

教师德育审美转化的策略

教师德育审美转化策略包括: 营造审美德育"场"; 建构审美德育"观"; 开掘诗意文化"流"; 巧妙选用诗意德育"法"; 发展四项基本"力"。

首先, 营造审美德育"场", 整体建构, 立体融合。德育场是德育系统中各要素能量与信息运作的存在方式、中间载体和时空处所, 它隐藏着德育过程的一切秘密, 包含着德育运动与变化的一切信息, 德育系统各要素间的相互作用和相互影响都蕴涵于德育场并最终统一于德育场。主要应采取的措施有: 充分发挥校园环境隐性课程的育人功能, 精心设计校园物质环境和塑造校园的文化环境, 在绿化、美化、净化、艺术化、教育化、人文化的基础上, 精心设计并营造教师、学生、学校和谐发展的共生文化, 而这共生文化又是通过德育场立体生成的。我们经常可以看到这样一个怪现象: 凡是写有"严禁摘花"标牌的地方, 往往变得枯枝败叶; 凡是"严禁吐痰"的地方, 往往痰堆满地; 凡是"严禁未成年人出入的地方", 往往未成年人济济一堂。其实只有当我们蹲下来看孩子, 尊重学生是"道德人"、"主体人"、"审美人"的角色, 变规训、禁诫式言说方式为导引性、图景性的言说方式, 才能真正使学生在德育场中受之感染, 能够自主审视周围的世界，从而成为一个"理想的自我"。现实德育实践中可以组织学生给学校花草树木、楼台场观进行诗意命名，使整个校园成为一部立体的、多彩的、富有吸引力的生活教科书。例如"花是一朵不会飞的蝴蝶，请不要碰我"，这样德育就具有了审美的特质，所有学生由于受到人格的尊重，自然也就学会"怜香惜玉"。

其次，建构审美德育"观"，德育过程中应建构主体间性师生关系，师生和谐，共同进步。主体间性师生关系是现代教育的价值追求，是教育活动中的本体关系，其所表现出来的交互性、理解性、共生性、平等性，为师生关系分析提供了基本的价值维度。这是一种民主和谐、平等合作、相互关爱的关系师生关系，它把教师和学生看成是平等意义的"人"，即师生是价值平等的主体师生之间应该是一种平等、民主、信任的双边关系。具体表现在教师在讲授问题时要保持平等的态度，使学生有话敢说，允许学生怀疑教材，反驳师说，突破经典，离经叛道。教师要尊重、鼓励学生的创造性想象。教师对学生负有教育管理的职责，学生要听从教师的教诲，虚心接受教育，教师也要向学生学习，征求学生意见，认真接受学生提出的合理意见和要求，师生共同服从真理探讨真理。主体间性师生关系即通过适当途径和方式促进师生之间对于对方精神人格及其发展之美的互相欣赏，使师生的交往过程成为师生双方对于道德人生和道德人格的审美欣赏过程。审美化德育主体间性师生关系为师生关系的发展描绘出了一方绚丽的远景，它有利于我们在教育实践中不断推动师生关系向理想的境界提升。

再次，开掘审美文化"流"，自然、社会与自身，圆融互摄。开掘审美文化流，主要是在自然审美、社会审美、自身审美三个方面做文章。审美化德育可以从建构审美课堂入手，让"新诗进课堂"，将语文教学与德育链接起来，诗化德育、诗化课堂，给学生心灵以诗意润泽。还可以通过精选中外现当代富有诗意的作品，由点及面，高雅学生的志趣、博雅学生的学识、儒雅学生的气质，带动学生人文素养的全面而和谐的发展。

用诗歌表扬先进、鞭策后进

天天生活在一起的学生，每天总有一些小小的变化，发生一些或有趣或无奈的事情。班主任要做生活的有心人，及时发现并总结这些点滴之事，让学生从中受到教育和启迪。

学校举办的艺术节，我班学生在各方面表现突出，获得了一等奖，我在教室黑板上写下了一首赞美诗："勤学苦练本领高，各显神通逞英豪。德艺双馨强基础，艺海遨游任逍遥。"

有一段时间，我外出学习了两个月，班主任由一个刚参加工作的老师担任。等回来后，发现同学们的学习自觉性不如以前，不交作业、抄作业的现象大大增加，还有个别同学弄虚作假、考试作弊。我在班上严厉地批评了这些不良行为，并告诫大家：考试诚可贵，分数价更高。若为真知故，二者皆可抛。

——http://www.hf168.net/info.asp?id=1259

此外，巧妙选用审美德育"法"，在价值观多元化的当代社会中，传统的灌输法失去了其合法性。面对价值观多元化的挑战，价值澄清理论、道德认知发展理论、关怀理论和社会学习理论都提出了各自的应答方法。由于它们的理论基础不同，解决问题的侧重点不同，其方法功能仅关注某一方面，所以它们的德育方法论仍然不能从根本上解决青少年所面对的现实道德冲突问题。以系统论为研究视角，科学阐明价值引导、实践体验、感情建构方法的理论基础，并论证其整合的可能性与合法性，把现代德育方法进行系统整合连接，构建价值引导、实践体验、感情建构的方法论整体系统是审美化德育方法论发展的历史必然。

诗意的惩罚

英国科学家麦克劳德，上小学的时候曾偷偷去杀死了校长家的狗，这在西方国家显然是难以原谅的错误。幸运的是麦克劳德遇到了一位高明的校长，校长的惩罚是要麦克劳德画两张解剖图：狗的血液循环图和骨骼结构图。正是这个包含理解、宽容和善待对学生的"惩罚"，使小麦克劳德爱上了生物学，并最终因他发现胰岛素在治疗糖尿病中的作用而走上了诺贝尔的领奖台。

最后，发展四项基本"力"，心智体美，综合培养。所谓"力"，就是力量、效力。人之能力，即人力，主要由智力、体力、心力与审美力组成，而德育是形成四力的主导因素。比如：在审美化德育的引领下，建构"一二三四五"人才培养工程，要求学生"树一个高远的理想；学习母语与外语两种语言；培养礼仪、学习、生活三种习惯；学会求知、竞争、健体、交流四种能力；过品德、体能、语言、自理以及交际五项素养大关"。同时设计"学科德育与综合素质成长记录表"，让教学与教育有机融合，使德育全员化、全程化、全境化、全面化。

/ 教师审美人格与审美化德育的关系 /

审美化德育将德育的所有因素转化为审美对象，在这所有因素中，潜在课程是其中十分重要但又经常被人们所忽略的因素。潜在课程因其根植于学生实实在在的学校生活，因而它较显性课程更能与学生的真实的生命体验相融合，因此对于道德教育来说有其独特的意义。要将作为德育因素的潜在课程审美化即是将潜在课程的构成要素转化为审美对象，使置身其中的每一个人能在这样的教育环境中感受美，欣赏美，表现美并创造美，从而使人在轻松、和谐的、美的精神氛围中以一种强大的精神力量影响和改造周围的人和事。教师作为教育活动中的因素，他自身的言行(除了正式的显性课程的传授之外)对学生德性的成长来讲，是重要的潜在课程资源，因此，在此我们重点探讨教师人格作为潜在课程的德育审美化。一方面，教师审美人格促进审美化德育的产生；另一方面，审美化德育促进了审美化教师人格的构建。

教师审美人格促进审美化德育的产生 ／

素质教育的理论与实践在前所未有的意义上提升了教师自身素质的要求。完善人格是教师从教的最基本的条件。而教师的审美人格作为高层次的人格要求，对于完善教师的人格结构具有不可忽视的作用。它引导教师不断追求崇高的社会理想，建构正确的价值取向，培养高尚的道德情操，提升美好的人格境界，张扬审美的个性品质，保持平衡的心理结构。《论语》中孔子的学生评价孔子："子温而厉，威而不猛，恭而安。"《雄辩术原理》的作者昆体良要求"教师要以父母般的感情对待学生，严峻而不冷酷，和蔼而不放纵"。教师审美人格是一种平衡人格与和谐人格，具体体现在：

威而不令　一个有威信的教师自然能赢得学生的敬仰与爱戴。但教师树立自己威信时，不能简单粗暴，一味命令，更不能借外界的权力来压制学生。比如拿家长、领导来压制学生，或以分数、评优等来要挟学生。要明白，只有学生发自内心的情感认同时，教师才有威信可言。

严而不死　对待认知与做人，来不得半点马虎。教师应该严格要求学生，增强学生的自律意识与责任感，但要严而有度，讲原则也要有方法。板着面孔待人，千篇一律，当头棒喝，不利于发挥学生的主动性和积极性。

亲而不猥　爱心是教育的阳光。教师谆谆的教诲，真挚的关心，为学生的全面发展提供了宽松的情感环境，但切不可把爱超出角色、年龄、社会背景等的界限。教师之爱如父母不能太宠，似朋友不能太亲，要给学生心理造成一种距离感。教师不要随意踏入学生安全区，多留给学生一份安全感与温馨感。

活而不散　教师应尊重学生好奇爱动多变的个性特点，为学生创造一个自由活动的环境，给学生更多的生活空间。但这并不意味着放任自流，纵容学生处于游离状态；要活而有序，培养学生的纪律观、法制观，以及道德等公共准则至上的观念。

宽而不乱　学生在成长、发展过程中，难免会出现各种各样的失误和错误。教师应予以宽容，并积极鼓励、正确诱导，给学生一个改正的机会，提供改正的途径。但教师不可容忍错误，包庇缺点，掩饰失误，美化弱点。

博而不骄　有人把教师传授知识比作一桶水与一碗水的关系，这就要求教师有广博的知识和开阔的视野。但教师不宜因此而居高临下，自称专家，而漠视学生的新观点、新创造。"三人行，必有我师"。教师的这种谦虚、严谨的作风不仅有助于提高自身形象，也使学生有可以平等地同教师探讨的机会，创新能力也会不断提高。

新而不怪　德育工作的实质就是培养更多的全面发展的能够适应未来知识经济发展的高质量的创新型人才。为此，要求教师必须具有创新意识，在知识创新与教学创新时不能图新鲜走形式，玩花架子、屡出怪招来糊弄学生。创新教育要有新意，但还应注意基本功训练，尊重教育规律。

雅而不俗　教师生活在当今社会中，也有喜怒哀乐七情六欲，也有自己的追求和希望。但教师又不能太俗气，鸡肠小肚，随波逐流，人云亦云，势利虚伪，阿谀奉承，行为粗俗或跟着感觉走，赶时髦，追风头，一派"闪亮登场式"的明星作风。要知道，教师是知识与时代的代表，应代表时代的价值取向。

刚而不犟　在德育活动过程中，教师发表自己的看法时要观点鲜明，分析深刻，要有针对性和实效性。但同时不要过多地渗入个人感情色彩，滔滔不绝，一味坚持自己的观点；要给学生留有思考的时间和判定的机会，允许并鼓励学生不同于己甚至超越自己。固执己见，德育就没有创新，学生也不可能很好地发挥主观能动性。

愤而无私 "近朱者赤，近墨者黑"。学生要形成健全人格和高尚思想道德情操，就必须净化环境。教师要让学生明辨是非、美丑、善恶，就少不了针砭时弊，揭露丑恶，鞭笞虚伪。教师应坚持正面教育，不可把阴暗面夸大，过分渲染；或把个人生活的挫折、人生的苦恼、工作的困惑等传染给学生。这样不仅得不到学生的同情和理解，反而使他们产生心灰意冷、玩世不恭、自卑失望的情感，实不利教育本身。

教师或德育工作者不应该是使用物质工具去作用于劳动对象，而主要是以自己的思想、学识和言行，以自身道德的、人格的、形象的力量，通过示范的方式直接影响着劳动对象，有审美人格的教师自身作为德育中的潜在课程内容能够通过审美化的途径对学生德性的养成产生影响和促进作用，这些途径主要表现如下。

首先，通过言传身教，展现教师的人格美，实现"不言之教"。教师作为对学生最重要的影响者，其自身在工作和生活中所持的价值观念，对人对事的态度等对学生的影响是巨大的，教师自身美好的人格，高尚的道德精神在日常生活中的展现和流露会对学生产生极大的感染，从而起到一种很好的榜样和表率作用，增强学生道德认知的深刻性和道德情感体验的强度及道德行为的自觉性，从而促进真正德性的产生。具有审美人格的教师因为其道德行为是真实自然的，因此他能够以自身的道德品质，通过审美化的途径发挥对学生的道德影响。真、善、美是人们所追求的三种境界，如果说求真意味着合乎规律性，向善意味着合乎目的性，那么审美则是合乎规律性与合乎目的性的统一，某种程度上讲，美是建立在真和善的基础上的一种更高的境界。具有审美人格的教师的道德行为具有审美价值，除了行为本身具有道德上的正价值外，还必须符合其内在真实的本性。因为只有真实的，自然的发自内心的情感和行为才能发挥其道德感染作用，伪善的行为只会使人感觉厌恶、丑不可耐。

薛老师倒痰盂

　　江苏无锡市旺庄中学薛老师一走进教室就发现那只很脏的痰盂，仍然挑战似的摆在教室的一角。要知道，为了这只总没人倒的痰盂，薛老师不知在班上讲过多少次了，可是学生就是无动于衷……当时，薛老师真想运用班主任的权威，责令当天的值日生立刻去把痰盂倒干净。如不听命令，就狠狠地训斥他一顿——来一个"杀鸡给猴看"，看谁还敢把教师的话当耳旁风！可又一想，这样做并不能从根本上解决问题，那个被责罚的值日生，会认为"倒霉"，而那些未被责罚的学生则会暗自庆幸。即使责罚暂时生效，过不了几天，类似的情况还会发生。

　　薛老师踱步深思。同学们为什么不愿意倒痰盂呢？有的是嫌脏，有的是怕讽刺，怕倒了痰盂会被同学们讥笑为"假积极"，给老师"溜须拍马"；也有的是故意等着看老师如何处置……找到了问题的症结所在，也就有了解决的办法。"榜样的力量是无穷的"。老师，也是班集体中的一员，要求学生不怕脏，要求干部做榜样，老师为什么不能首先做学生的榜样呢？

　　想到这里，薛老师深感自责、内疚。薛老师急步走上讲台，缓声说道："同学们，我也是班级中的一员，有责任和大家一起把班级的环境卫生搞好。过去，我总是批判同学们嫌脏、怕讥笑，不愿倒痰盂。从今天起，先由我来值日。这只痰盂，我去倒！"说完，薛老师转身端起痰盂朝外走去。由于同学们没有想到老师会倒痰盂，"哄"地一声笑了起来。但这笑声很快就戛然而止——他们开始思索……

　　一连几天，薛老师总是提前把痰盂刷洗干净。无声的行动，胜过有声的要求。从那以后，薛老师班的痰盂开始有人争着倒了。一些在家娇生惯养的女学生，也积极认真地参加值日劳动，再也没有嫌脏和怕人讥笑的现象了。

　　其次，通过营造和谐的师生关系，发挥德育中"亲其师，信其道"的教育效果。要实现教师作为潜在课程的德育审美化，为学生道德的发展创造良好的环境，必须营造一种和谐的师生关系。民主、平等、和谐的师生关系是对师生彼此双方个性的尊重，是教师和学生双方主体意识、主体感情、主体精神的撞击与闪光，它充分体现了和谐的美、平衡的美、创造的美。具有审美人格的教师在教育工作中融入真情，在教育中去体验人生，去体验成长，实现与学生心与心的交会和碰撞，从而在教育中获得生命价值的满足，对于持有这样的职业理想的教师看来，学生便是其心灵的对话者，是与其相携共同在教育世界里体验人生、体验成长的同伴。只有这样的教师，才会给学生以真诚的爱，才能深刻体验到学生的喜乐哀愁，"人之相交，贵在交心"，教师真诚待人，才能取信于学生，享有较高的威信，使学生乐于接受老师的教诲，进而发挥德育中"亲其师，信其道"的教育效果。

从民国大学校长的人格魅力看民国大学的崛起

美籍华人学者、浙大校友谢觉民先生曾言："民国以来，中国有两位杰出的教育家，一位是蔡元培先生，恂恂儒者，胸怀宏大，在军阀时代，创办北京大学。招收女生，首开风气；聘请教授，新旧并蓄，对中国教育有开山创基之功。另一位是竺可桢先生，高风亮节，廉洁自守，在对日抗战期间，主持浙江大学，颠沛流离，而仍弦歌不绝，以至人才辈出，功不可灭。"有一个好校长，便会有一所好学校，这句名言在教育界已达成共识。20世纪初，具有现代意义的大学在中国出现，但它产生不久就达到了相当高的层次，让后人不禁产生许多"虽不能至，心向往之"的景仰与感叹。归其原因，是因为我们这个民族曾经拥有过蔡元培、竺可桢、张伯苓、梅贻琦、马相伯、马寅初等一大批杰出的校长。中国近代大学教育起步虽晚，但正如一些有识者所指出，中国近代大学教育的起点并不低。这其中的原因很多，一方面得益于中国固有的私人讲学和书院制度，更重要的还在于那时的大学校长所特有的办学精神。这种精神集中体现在：他们以自己的人格力量为平台，在内忧外患、民不聊生的时代，为中国近代大学的发展作出了不朽的贡献，为中国现代大学的形成构建了雏形。这种影响力源自于民国大学校长心系教育，发挥非权力影响的人格魅力。非权力影响力的人格魅力表现为：

第一，"无欲则刚"。校长只有一身正气，两袖清风，责在人先，利在人后，才能立世有威信，改革有底气，才能团结人，有感召力。

第二，"有容乃大"。厚德载物，宽容得众。当校长，器量须大，心胸须宽，要记人之功，容人之过，听得进各种不同的意见，保护好、调动好、发挥好所有人才的积极性、主动性和创造性。

第三，带着爱心工作。当校长，要把所有的教职员工作为自己的兄弟姐妹，要爱群、乐群、利群。热爱集体，热爱同事，把与同志们共事当作一种缘分，敢于并善于为职工排忧解难，为职工谋福利求实惠。

第四，带着激情工作。一个想干事、会干事、能干成事的校长，是一个充满激情的校长。校长要有干事的冲动，要有成功的渴望，要不断提出新的奋斗目标。校长的激情可以感染教师，教师的激情可感染学生，校长、教师、学生的激情融会在一起，校园才能充满浩然正气、蓬勃朝气、昂扬锐气，学校的事业才能永葆生机与活力。

审美化德育实践促进了审美化教师人格的构建 ╱

教师审美人格的生成除了一般在道德、专业教育与自我修养的方法之外，应当特别注意教育实践对教师审美人格的养成。亚里士多德说："人们自然具有的是接受德性的能力，先以潜能的形式被随身携带，后以现实活动的方式被展示出来。德性则和其他技术一样，是用了才有，不是有了才用。一切德性通过习惯而生成，通过习惯而毁灭。人们通过相应的现实活动，而具有某种品质，品质为现实活动所决定。"教师的审美人格不是与生俱来自发形成的，而是在后天的社会实践中逐渐形成的，它需要经过长期的实践磨砺。所谓"九层之台，起于垒土；千里之行，始于足下"。在纷繁复杂的审美化道德实践中，教师常常会遇到自身学识的盲点，这就需要教师在实践中不断积累经验、反省总结。在审美化德育实践的磨砺中，教师不仅要提高学习知识以及运用知识的能力，而且还要强化情感素养和道德品质。教师之知、情、意在审美化德育实践中不断提升与融合，其人格不断向着至真、至善、之美的和谐的审美人格迈进。

审美化德育实践促进了教师求真人格的生成

首先，为人真诚，以身立教。教师教育学生不是演戏，不能搞"双重人格"。只有教师真正发自内心的、言行一致的美好品德，才能受到学生的敬仰，引起他们的共鸣和仿效。教师在审美化德育实践中需要以身作则，为人师表。如要求学生讲卫生，教师就应把擦了座位的废纸放进垃圾箱；要求学生爱祖国，升旗时教师就应该肃立，行注目礼；要求学生守纪，教师就应不迟到早退；要求学生守法，教师就不能体罚学生……教师在审美化德育实践中凡是要求学生做到的，自己首先做到；凡是要求学生不做的，教师自己首先不做。教师在对于"言行一致"的优秀品质的追求中成就了自身求真人格的生成。

其次，在审美化德育实践中要求教师要做到"慎独"。所谓"慎独"指的是在独自活动，无人监督，有做各种坏事的可能并且难以被别人发现的情况下，依然能坚持自己的道德观念，自觉按照一定的道德准则去行动，不做任何坏事。教师工作的特点，决定了教师拥有独立地选择工作方式的权力。我们教师怎样对待每一天的教学劳动，以怎样的态度备课，是否公正地给学生评分等等，这许多工作往往是没有外界监督或难以监督的。审美化道德实践是教师自我的"道德自律"，教师需要通过经常反思自己的一举一动是否符合教师道德的要求，时刻注意自己的精神风貌和道德品质给学生带来的影响，努力把自己培养成具有高度自觉性，具有良好工作作风和生活作风的人民教师。只有教师自己意识到了自己的幸福能力在德育中所具有的主体地位，意识到自身所发挥的主导性作用、所担负的具体使命及自身主体性活动对于自己教育对象所具有的现实及长远意义，才能有针对性地开展有效的审美化德育活动。人具有社会性，为了社会的稳定和发展，每个人都以一定的自我约束去与社会交换做一个公民的权利，这是一种社会契约。慎独可以提高一个人的修养，可以使人增强社会责任感，做事有定力，慎独还能带给人持续的权利与自由，使人形成表里如一的求真人格。

由力行到智取，从管理到自律——学校的德育工作案例与反思

学校的学生会全称应该是学生管理委员会还是学生自律委员会？长期以来，人们总习惯于学校管理学生会，学生会管理学生，自然是管理委员会比较合适。所以，在此种思维模式下，学校的学生会工作基本上全部靠学校政教处或者团委的指派，如果哪天学生不在了或者管理老师忘了说，那么这天的工作肯定会大打折扣。某校的学生会工作长期以来就遭遇着这种困境，一直比较被动。

为了提高工作效率，摆脱这种困境，本学期以来，该校团委和政教处在学校党支部的领导和支持下，整合工作任务，决定由校团委统一指导学生工作。该校团委经过仔细研究，决定从学生会的名称入手，变管理委员会为自律委员会，公开选拔学生会干部，允许学生会干部自主成立自己的管理小团队，放手培养学生干部的工作能力，从而调动起学生干部的工作积极性，增强了学生的自律意识，大大提高了学生会工作的成效。在此过程中，学校团委只参与制定了相关的管理制度和奖惩措施，大大减轻了学校的管理负担。

[反思]：从管理到自律，看起来只是名称上的改变，实质上是一种思想观念的转变，一种由他律到自律的主体意识的觉醒。该校之前的工作困境源于长期的保守观念，没有明

确的工作思路和管理理念，而管理部门之间也缺乏有效配合。通过本次整合改组，该校团委本着以人为本的科学发展理念，着眼于学生的终身发展，以培养学生的自律、自强、自尊意识为先导，以锻炼学生的管理、协作、协调能力为目标，采取放手而非放任，放心而非放弃的工作方法，成立学生自律委员会，从而铸就了一个和谐、稳定、团结的校园思想道德教育环境。

——http://www.nxycjks.com/pinxuan/LongWen_ArtShow.asp?Id=15&Artid=652

审美化德育实践促进了教师向善人格的生成

审美化德育实践中能够不断提升教师自身思想境界。当前，我国正处在社会主义市场经济建设时期，各种观念的冲撞，社会利益调整以及生活方式的改变等，不可避免地会对人们的价值取向产生影响，从而出现价值多元化的趋向。教师不是生活在真空中，教师的价值取向也必然会受到社会生活变化的冲击。《中国教育报》开展的"当今我国中小学教师心态大型调查"显示，近年来，随着我国教师地位的不断提高，教师待遇得到了较大程度的改善。与高尚清贫安静的生活相比，现在的教师更倾向于追求丰裕优越的生活条件。这是社会发展进步的一种体现，但这不应是教师追求的唯一目标。党和国家对教育越重视，作为教师就更应严格要求自己，尤其是在精神上的追求应更高。一个教育工作者不能简单地把商品等价交换的原则与教师的崇高追求等同起来，不能为追求个人收入而淡化了教师最根本的育人职责，更不能追求自身利益而忘掉崇高的责任，丧失教师的人格。作为人民的教师，代表的是最广大人民的根本利益，因此，要把全身心地为学生服务作为一切工作的出发点和落脚点。在这方面，许多优秀教师为我们作出了表率。人民教育家陶行知先生为了培养学生成才，放下高官不做，脱下西装不穿，到乡村坚持教育数十年。他说："为了苦孩，甘为骆驼；于人有益，牛马也做"。他"捧着一颗心来，不带半根草去"的高风亮节，千古流传。当代特级教师于漪老师，将心贴在教育事业上，她为培养学生成才，甘愿奉献自己的青春、心血和智慧，她视奉献为教师天职的精神强烈感染、教育着学生。二十年后，她的一个学生在来信中写道："您对工作精益求精，既教书又育人的精神，始终铭刻在我心头，我一定不辜负您的期望，像您那样，投身到伟大的事业中去……"。北京大学哲学系叶朗教授在浙江大学东方论坛的演讲中曾说道："境界对一个人的生活有一种指引导向的作用。境界指引着每一个人的生活和实践，一个只有低级境界的人，必然过着低级趣味的生活；一个有着诗意境界的人，则过着诗意的生活……"这句话实际也暗示着教师诗意的教育生活也一定能够不断提升教师自身思想境界，教师诗意的教育人生，创造的人教育人生，爱的教育人生必然生成教师诗意的人格，创造的人格与爱的人格。

在审美化德育实践中能够培养教师爱生之情感，使教师善待学生。一位教育家说过：没有爱，就没有教育。师德的核心是"爱心"。这种爱蕴涵了崇高的使命感和责任感。教师在审美化德育实践中能够培养自己热爱学生的感情。首先，热爱学生，前提要尊重学生。要放下师道尊严的架子，民主平等地对待学生，用平等的态度让学生体验做人的尊严，用信任、关心激发他们的求知欲、创新欲。那种目中无人，动辄拿惩罚来威胁学生的做法，在以人为本的今天，应遭到唾弃。其次，热爱学生，就要热情关心学生，这是师爱最突出的表现。有关这方面的典型事例举不胜举。有的教师献身教育事业，几十年如一日，任劳任怨；有的教师带病坚持工作；有的教师循循善诱地教导学习困难生；有的教师似慈母般关心、照料学生……教师的爱犹如春雨，滋润着学生的心田，给学生以温暖和动力。最后，热爱学生，还要用发展的眼光看学生。要相信每个学生都是"变数"在发展，在变化。教师对他们情深似海，加温到一定程度，他们就会开窍，就会进步，就能茁壮成长。当然，爱学生也要严格要求学生，不能姑息迁就。总

之，教师爱学生，就要把全部心血倾注在学生身上，来不得半点虚伪。在审美化德育实践中教师自觉锤炼，净化心灵，由此师爱荡漾，爱满天下。

在审美化德育实践中能够锤炼教师心理素质，使教师善待自己。德育实践是教师从事的是塑造人心的社会实践活动，因此，要求教师必须有较高的心理素质。据有关调查显示，教师的心理健康水平不容乐观。由于工作紧张，学习任务沉重，加之家务繁杂，致使有些教师身心疲惫；有时，由于竞争上岗、职称评定未过关、年终评优落榜、班级评比榜上无名、学习困难生成绩落后等，使教师心理压力加大，经常焦虑不安。教师不良的心理，既影响身体健康，又影响自己的工作，还可能将不正常的情绪迁移到学生身上。在审美化德育实践中教师能够适度调控心理，减轻压力，锤炼良好的心理素质。审美化德育实践中审美的形象性、自由性、情感性、超越性等特点能够使教师摆脱现实功利的束缚，保持自我人格的独立，以一颗清高、孤傲的心灵来体察外界，得到审美的愉悦。与此同时，教师的心灵也会变得纯洁而宁静。白日里无尽的纷争和欲求都被暂时地超脱，那深陷于世俗泥沼之中的灵魂此时才可以得到暂时的平抚。

教师职业倦怠的原因与消解策略

教师职业倦怠是教师生涯发展中的一种自然现象，是教师与其生存环境相互作用过程中所产生的一种生态危机现象。教师产生职业倦怠，很大原因在于其长期的教学工作中的各种压力在情绪上产生的一种低强度递进的反应过程。许多教师长年累月站在讲台上，一只粉笔，一块黑板，一本教案，这种传统的教学方法与单调的教学环境，比较容易使人产生倦怠。教师的工作还具有长期性、连续性与周期性。教师将学生一批又一批送走，要付出艰辛的劳动，而自己就像一个船夫一样回到起点，会感到单调寂寞，没有鲜花与掌声，学生留下的只有成绩。所以教师要有耐得住寂寞的心理准备与心理承受能力。除了教学工作之外，教师们还面临提升学历、出科研成果、发表论文、职称评定、年终考核评优等一系列压力,如果这些硬件指标你没有达到的话,即使你上课上得再好也不会被提级评职称,相应的经济福利待遇就会受到影响,从而使教师产生焦虑感,引起职业倦怠。消解教师职业倦怠,消除教师发展中的生态危机,一方面需要社会建立支持网络,学校优化教育生态环境;另一方面要求教师主动超越自身发展的生态困限,共同营造促进教师发展的审美化教育实践,实现教师的可持续发展。

审美化德育实践促进了教师创美人格的生成

审美化德育实践促成外在的教师形象美的生成。教师在德育实践中端庄的仪表,文明的举止能够给学生现在的初步影响。教师外在的形象美比如:教师的着装应质朴大方,富有文化涵养;教师的语言、眼神、表情应是道德崇高与和谐的象征;教师的一举一动应优雅大方,举止得体等等,马卡连柯曾说:"从口袋里掏出揉皱的脏手帕的教师,已经失去当教师的资格了。"

审美化德育实践促成教师教育的艺术美。马卡连柯说:"高等师范学校应当用其他方法来培养我们的教师,如怎样提高音调,怎样笑和怎样看等等细枝末节","我们要善于这样说话:使孩子们在我们的话里感觉到我们的意志,感觉到我们的修养,感觉到我们的个性。"因此,教师在审美化德育实践要努力创造教学艺术美,使自己的教学艺术达到这样的境界:即教与学双方思想交流、感情共鸣、情与理完美统一的过程,又是升华为审美境界的艺术欣赏过程。在这样的教学艺术中,教师的人格风采得到展现,渊博知识得到调动,学生被教师的人格魅力、学识风范所感染、吸引,在潜移默化中找到寄托、顿悟以及理想的影子。

审美化德育实践促成教师表里如一的人格美。教师作为师表美的创造主体,表里如一的人格美是影响学生的重要途径。教师外在的形象应是其内在灵魂的展现,否则作为一个伪善者，学生会感到老师"道貌岸然"。这既违背了审美化德育法则，也会带来德育的负效应。教师不仅应成为学科知识的专家、教学理论的行家，更应首先成为道德信念坚定、表里如一的道德践行者，教师只有自觉加强自身的人格修养，不断提升自己的人格品位，才有资格占据人民给予的三尺讲台。

心灵考试

一位思想品德课的老师宣布，思想品德课的考试不是背课文、说道理，而是看行动，凡是做了对集体、对他人有益的事，都视为考试通过，这叫做"心灵考试"。一位同学很长时间做不到"好事"，心急如焚。一天，她起了个大早，准备清扫教室。来到教室一看，已经有人清扫了。临出门时，发现地上有一张拾元人民币，他拣起来，准备送给老师，拾金不昧也是心灵考试。行走着，他想能不能对老师也来一个"心灵考试"？于是把钱放在这位老师的门口，躲在一个角落暗自观察。这位老师出门后，发现了钱，不动声色地装进了口袋，径直走向教室。下课了，一位同学报告说今天他清扫教室时，不小心掉了拾元钱，请老师协助查找。这位老师问同学们是否拣到了钱，同学们自然是否定的回答。老师说："这样看来，你的钱是丢在了路上，而不是教室。"这位老师要对学生进行"心灵考试"，而他自己的"心灵考试"却不及格。毫无疑问，这样的教师在学生心目中的威信是不会高的。"其身正，不令而行，其身不正，虽令不从"说的就是这个道理。

——《德育报》